Heinrich Leopold Wagner, Erich Schmidt, Karl Gotthelf Lessing

Die Kindermörderin

Ein Trauerspiel

Heinrich Leopold Wagner, Erich Schmidt, Karl Gotthelf Lessing

Die Kindermörderin
Ein Trauerspiel

ISBN/EAN: 9783743459601

Hergestellt in Europa, USA, Kanada, Australien, Japan

Cover: Foto ©ninafisch / pixelio.de

Manufactured and distributed by brebook publishing software (www.brebook.com)

Heinrich Leopold Wagner, Erich Schmidt, Karl Gotthelf Lessing

Die Kindermörderin

**DEUTSCHE LITTERATURDENKMALE
DES 18. UND 19. JAHRHUNDERTS**
IN NEUDRUCKEN HERAUSGEGEBEN VON BERNHARD SEUFFERT

——◦—— 13 ——◦——

DIE KINDERMÖRDERINN

EIN TRAUERSPIEL

VON

H. L. WAGNER

NEBST SCENEN AUS DEN BEARBEITUNGEN
K. G. LESSINGS UND WAGNERS

HEILBRONN
VERLAG VON GEBR. HENNINGER
1883

Der Wunsch nach einem Neudruck der 'Kindermörderinn' Heinrich Leopold Wagners ist wiederholt geäussert worden. In seinen rohen Excessen sowol formell als inhaltlich ein lehrreiches Beispiel für den kraftgenialen Realismus der Geniezeit, in seiner durch revolutionäre Streiflichter, wie durch scharfe Beobachtung interessanten Schilderung des Bürgertums, besonders der lebensvollen Figur des Metzgers ein Vorläufer von 'Kabale und Liebe', in mehreren Haupt- und Nebenmotiven ein sehr vergröberter Abklatsch der ungedruckten Gretchentragödie Goethes, wird das Werk an sich und durch seine rückwärts wie vorwärts weisenden Beziehungen zu den Schöpfungen Grösserer noch heute auch anderen, als streng litterarhistorischen Kreisen willkommen sein.

Es wurde im Frühjahr 1776 vollendet, am 18. Juli bei einem Besuch Wagners von Frankfurt aus der Salzmannschen Gesellschaft in der Vaterstadt des Dichters vorgelesen und erschien im September nach damaligem Brauch anonym. Die Fäden, welche sich zwischen diesem Trauerspiel und den Komödien von Lenz sowie dem 'Faust', dessen Chronologie es bestimmen hilft, spinnen, das dramatisch, episch und juristisch damals so gern behandelte Thema des Kindesmords und die Nachgeschichte habe ich in meiner Monographie 'Heinrich Leopold Wagner Goethes Jugendgenosse. Zweite völlig umgearbeitete Auflage. Jena, E. Frommann. 1879' S. 70 ff. und S. 137 ff. klar gelegt. Auch über Nachdrucke, Recensionen und Aufführungen ist dort das nötige bemerkt; nachgetragen werde nur zu Anm. 64, dass der

Recensent der Klingerschen 'neuen Arria' und der Wagnerschen 'Kindermörderinn' Karl Lessing ist, vgl. die Hempelsche Lessingausgabe 20², 830.

Der Text folgt hier treu nach der Originalausgabe in meinem Besitz, die Freund Rud. Henning 1874 auf einem unserer Streifzüge über den Strassburger Gimpelmarkt für einen Sou erstand und mir als dem angehenden Biographen des Dichters bereitwillig überliess. Exemplare davon sind sehr selten. Es gibt auch Exemplare ohne das Titelkupfer: ein ärmliches Zimmer, Spiegel, zwei Holzstühle, ein Himmelbett, Eva darauf gelehnt mit verhülltem Gesichte, daneben halb verdeckt das Kind, Frau Marthan empfängt den eintretenden Metzger Humbrecht; darunter 'VI. Aufzug. pag. 113.' Der Text füllt 184 Seiten in Kleinoktav, deren Beginn unser Neudruck in Klammern angibt.

Karl Lessings Bearbeitung erschien als 'Die Kindermörderinn, so wie sie abgeändert, auf dem deutschen Theater zu Berlin im Januar 1777 aufgeführt worden ist. Dieses Trauerspiel wird im himburgischen Buchladen und bey der Theaterkasse für 8 Gr. gebunden verkauft' 110 S. 8° (die Vorrede 13 S. unpaginiert) und, da die Aufführung verboten wurde, bald darauf in einer Titelauflage 'Die Kindermörderinn, ein Trauerspiel in fünf Aufzügen. Neue umgearbeitete Auflage. Berlin 1777. Bey Christian Friedrich Himburg'. Die erste Ausgabe war mir früher durch des Freiherrn v. Maltzahn Güte zugänglich: ich kopierte die in den Neudrucken fehlende Vorrede und trug alle kleinen Varianten in mein Exemplar des Wagnerschen Originals ein, versäumte aber leider die neuen Scenen aus Lessings Feder abzuschreiben. Maltzahns deutscher Bücherschatz ist inzwischen zerstreut worden und meine Nachfragen hier und dort blieben ohne Erfolg. Auch die Kgl. Bibliothek zu Berlin, diese Helferin in aller Not, konnte nur den von mir im 'H. L. Wagner' S. 141 bereits verzeichneten Wiener Nachdruck mit dem falschen Datum 1777 (1792) bieten.

So muss denn die Probe aus Lessings 1. Akt und der
Schluss des dritten hier nach dem ersten Nachdruck gegeben werden, der von dem Himburgischen Text wol in
ein paar Kleinigkeiten der Orthographie und Interpunktion abweicht: 'Neueste Sammlung von Theater-Stücken.
Frankfurt am Mayn, Gedruckt und zu finden bey Jo-
hannes Bayrhoffer auf der kleinen Gallengass,' 5. Band
1778, wo an dritter Stelle die Lessingsche Bearbeitung
nach der ersten Himburgschen Ausgabe unter dem Titel
'Die Kindermörderinn, ein Trauerspiel in sechs Aufzügen. Wie sie abgeändert aufgeführt worden ist.
Frankfurt am Mayn Bayrhoffer. 1777' (112 S.) besonders paginiert erscheint. Diese Sammlung habe ich
erst nach 1879 erworben; daher die zu knappe und
ungenaue Angabe H. L. W.[2] S. 141. Wagners eigene,
nur einmal gedruckte Neubearbeitung besitze ich: 'Thea-
terstücke von Heinrich Leopold Wagner. Frankfurt
am Mayn verlegts Johann Gottlieb Garbe 1779', auf
der Kehrseite: 'Inhalt I. Evchen Humbrecht, ein Ori-
ginal Schauspiel. II. Macbeth, ein Trauerspiel nach dem
Engländischen des Schackespear'; nach der Vorrede der
besondere Titel 'Evchen Humbrecht oder Ihr Mütter
merkts Euch! ein Schauspiel in fünf Aufzügen', gleich
dem 'Macbeth' (160 S.) auch separat ausgegeben (144 S.).

Bei der wiederholten Durchsicht des Textes und der
Korrektur war mir Herr Cand. phil. Julius Wahle sehr
behilflich.

Die Regellosigkeit, welche die Genies auch in Sachen
der Orthographie und Interpunktion an den Tag legten,
ist in dem hier reproducierten Originaldruck der 'Kindermörderinn' besonders stark. Die Verachtung der äussern
Form ist für die Zeit so charakteristisch, dass es das
Bestreben eines Herausgebers sein muss, diese Wirren
der Schreibung zu bewahren. Oft war es sehr schwer,
Druckfehler von Versehen des Schriftstellers zu sondern;
so wechseln (in vielen Fällen sogar in den gleichen
Wortformen) ſ oder s und ß, n und nn, z und tz, ff und

ß, bb und pp, f und ff, k und ck, Schreibungen mit und ohne dehnendes h u. s. w. Dagegen wurde die nur einmal vorkommende Schreibung der Konjunktion das in daß geändert. Als Druckfehler wurden gebessert: S. 5 Z. 5 Humbrecht aus Humprecht, | S. 7 Z. 21 ein.) aus ein. | S. 8 Z. 15 Weihnachten aus Weinachten | S. 8 Z. 33 Marianel aus Mariael | S. 12 Z. 8 Erst aus erst | S. 12 Z. 28 dem aus den (als Vulgarismus möglich?) | S. 14 Z. 31 dem aus den | S. 16 Z. 10 kann im Druckfehler für in sein, wurde aber als elsässischer Provincialismus belassen. | S. 19 Z. 10 Heilige aus Helige | S. 19 Z. 27 funfzig aus funzig | S. 24 Z. 4 bins aus binns | S. 27 Z. 2 Phlegma aus Pflegma | S. 29 Z. 8 dies aus bis und Augenblick aus Angenblick | S. 30 Z. 15 diesmal aus bismal | S. 34 Z. 19 wurde die doppelte Negation vereinfacht | S. 35 Z. 15 einem aus einen | S. 37 Z. 4 leiber aus eiber | S. 45 Z. 4 Dummkopf aus Dumkopf | S. 46 Z. 20 die aus bie und besten aus besten | S. 47 Z. 8 bemerkte aus bewerkte | S. 48 Z. 19 gewöhnen aus gewohnen | S. 49 Z. 5 schlafen aus Schlafen | S. 49 Z. 11 Zeit her aus Zeither | S. 49 Z. 21 Zeit lang aus Zeitlang | S. 49 Z. 25 was aus waß | S. 56 Z. 30 Magister aus Marister | S. 60 Z. 8 meinem aus meinen | S. 61 Z. 18 vorwarfen aus vorwarfen | S. 61 Z. 19 ununtersucht aus untersucht | S. 62 Z. 17 wurde das doppelte der vereinfacht | S. 67 Z. 27 ihnen aus ihn | S. 69 Z. 29 Raspelhüs als elsässische Form aus Raspelhus (1779 Raspelhauss) | S. 74 Z. 8 zwar aus war | S. 74 Z. 25 hat aus hatt | S. 75 Z. 35 's morgens aus s' mor- morgens | S. 80 Z. 6 (mit aus mit | S. 83 Z. 27 Armen aus Aermen | Auch die durchaus unregelmässige und inkonsequente Interpunktion wurde nicht angetastet. Doch wurde der in vielen Fällen fehlende Punkt nach den Personennamen durchgeführt und wenn darauf eine Anweisung für den Schauspieler folgte, der Punkt immer vor der Klammer gesetzt; auch sonst wurde in einigen Fällen (besonders in den Parenthesen) eine Gleichmässigkeit angestrebt. Geändert wurde ferner:

S. 5 Z. 5 herein. aus herein? | S. 6 Z. 1 geworden? aus geworden. | S. 6 Z. 18 laſſen? aus laſſen. | S. 9 Z. 12 nicht; aus nicht, | S. 9 Z. 13 wären, aus wären; | S. 13 Z. 1 verneigend. aus verneigend, | S. 15 Z. 27 Mutter! aus Mutter | S. 17 Z. 9 einmal! aus einmal | S. 18 Z. 10 zeigen, aus zeigen; | S. 18 Z. 23 Kind aus Kind, | S. 22 Z. 32 ers; aus ers? | S. 24 Z. 9 habe aus habe! | S. 25 Z. 35 ist aus ist. S. 26 Z. 8 überlaſſen, aus überlaſſen; | S. 27 Z. 30 Evchen aus Evchen — | S. 27 Z. 31 halten. aus halten? | S. 37 Z. 5 Überſetzung aus Überſetzung, | S. 40 Z. 31 brav! aus brav? | S. 40 Z. 33 laufen, aus laufen; | S. 41 Z. 29 laſſen, aus laſſen? | S. 48 Z. 18 Jahren aus Jahren, | S. 51 Z. 28 ſich. aus ſich, | S. 63 Z. 23 Frühjahr aus Frühjahr, | S. 63 Z. 24 Jahren aus Jahren, | S. 63 Z. 34 guht! aus guht, | S. 65 Z. 6 ſeyn? aus ſeyn | S. 65 Z. 20 ſagt aus ſagt, | S. 79 Z. 30 aus? aus aus. | S. 81 Z. 34 ſeh, ſie aus ſeh ſie, | S. 83 Z. 32 gibts? aus gibts | Ausserdem wurden einige fehlende Interpunktionen eingesetzt vor und nach Anrufen, Relativ- und anderen Nebensätzen.

Es erübrigt noch, über Karl Lessings Bearbeitung einige Worte zu sagen. Ich habe in meiner oben genannten Monographie S. 98—102 diese Bearbeitung besprochen. Sie entstand im Winter 1776 für die Döbbelinsche Truppe in Berlin; in einer Vorrede legte Lessing die Gründe und Prinzipien seiner Umarbeitung dar. Er ersetzte den schmutzigen ersten Akt durch eine minder anstössige aber langweilige Scenenreihe zwischen Evchen, der Mutter und Gröningsek (Lessings Schreibung). Es entfielen ferner (im 3. Akt) die Erzählung des biederen Majors Lindsthal, die Stelle über Youngs Nachtgedanken und der Schluss dieses Aktes, der von Lessing weiter ausgesponnen wurde. Durch diese Striche sowie durch interpolierte Scenen (besonders im 3. Akt) haben auch die Charaktere ein etwas verändertes Aussehen bekommen. Zwischen Harroth (Wagners Hasenpoth) und Gröningsek entstand ein Verhältnis, das dem zwischen Carlos und Clavigo gleicht; beide erscheinen weniger gemein. Wagners Magister — einen katholischen Geistlichen — verwandelte Lessing in einen protestantischen. Dabei verfuhr er nicht ganz konsequent, indem er S. 22 die Stelle über das Kloster herübernahm, dagegen die Erwähnung des Klosters S. 60 wegliess. Was kleinere Aenderungen anlangt, sind zu notieren die Ausmerzungen der Strassburger Idiotismen besonders in den Reden der Frau Marthan und der zahlreichen Gallicismen; ausserdem kleinere stilistische Aenderungen, die zumeist nichts mehr sind als zimpferliche Abschwächungen und triviale Verbreiterungen der zumeist so charakteristischen und kräftigen Wendungen Wagners. Er mildert Kraftwörter z. B.: 'und ich wäre daran krepirt, so bald ichs nur anrührte' (S. 33 Z. 34 f.) in 'und hätte mich getödtet.' Andere kraftgenialische Auswüchse sind ganz entfallen z. B.: 'bohrt dem Magister einen Esel' (S. 62 Z. 31). Er sucht die cynische Herbheit der Pädagogik des Magisters (S. 26 f.) durch nichtssagende Zusätze zu mildern. Zumeist ist er — besonders in eigenen Zugaben — ein weitschweifiger, salbadernder, schulmeisterlicher Korrektor. So schwächt er Gröningsecks ironischen Ausruf (S. 25 Z. 7 ff.): 'Der Teufel, war das eine Predigt! — Ma foi, die erste Hofmeisterstelle, die ich zu vergeben habe, sollen sie bekommen.' in das zustimmende moralische Geständnis ab: 'Hm! gar eine Predigt! Aber doch Wahrheit, treffende Wahrheit! Sie sind zu einem Hofmeister geboren.' In den meisten Fällen änderte Lessing nur die Wortformen oder die Worte, ohne dem Sinne der Phrase nahe zu treten, z. B. S. 27 Z. 33 'Pardieu! kaum noch Zeit auf die Parade zu springen' in 'Aber ich muss auf die Parade, es ist höchste Zeit.' Auf Missverständnis beruhen die Änderungen 'als die Metzger-Au draussen' (S. 21 Z. 22) in 'als eines Metzgers seines' s. H. L. W.[2] S. 137, Anm. 67 und 'Wenn Sie Geld brauchen, mein Herr! Reisegeld! sie verstehn mich doch? — tausend,

zwey, dreytausend Gulden auch liegen parat zu Hauss!'
S. 85 Z. 22 ff.) in 'Reisen Sie, an Geld solls Ihnen
nicht fehlen.' Wagner gibt selbst (Frankfurter gel. Anzeigen 1777, S. 106) die Erklärung von Reisegeld als
Geld für geheime Ausgaben, s. H. L. W² S. 102. Ferner
wäre noch zu bemerken Lessings Vorliebe für einen
gemässigten, artigen Verkehrston, worunter natürlich
der scharf pointierte Dialog und die schneidige Charakteristik zu leiden hat. So gibt er dem Schauspieler
Anweisungen zur Höflichkeit; z. B. in der 5. Scene des
3. Aktes schreibt er dem Magister vor: 'hier nimmt er
ein gefälliges Betragen an' oder 'mit einer demüthigen,
aber doch völlig triumphirenden Bescheidenheit.' Auch
sonst verbindliche Wendungen wie 'mein theuerster Herr
Lieutenant.'

Im ganzen betrachtet müssen wir Lessings Bearbeitung als ein farbloses Machwerk bezeichnen und Wagners Groll über dieselbe (s. H. L. W.² S. 101 f. und 139
Anm. 70) als berechtigt anerkennen. Gotth. Ephr.
Lessings zurückhaltendes Urteil über die Bearbeitung
(a. a. O. S. 136) zeugt von entschiedener Anerkennung
für das Talent des Verfassers, für welchen er und sein
Bruder irrtümlich Lenz hielten.

Von Lessing geben wir die aufgeblasene und geschwätzige Vorrede, den lahmen ersten Akt und ein
Stück des dritten, das deutliche Anspielungen auf den
preussischen Militärstaat enthält. Von Wagners Umarbeitung die Vorrede, das Personenverzeichnis mit den
echt strassburgischen Kostümangaben und den fröhlichen
Schluss.

Druckfehler wurden, ausser Kleinigkeiten der Interpunktion, korrigiert: in Lessings Vorwort S. 86 Z. 12
ununterfucht aus unterfucht | S. 88 Z. 32 altem aus altes |
S. 89 Z. 18 ist vielleicht fich zwischen bey und haben
ausgefallen | S. 89 Z. 20 ihrer aus ihre | S. 90 Z. 35
Dichtern aus Dichter | S. 91 Z. 5 ihn aus ihr | Z. 9 Stücken
aus Stück | Z. 22 der davon aus davon | Ferner im

Nachdruck, wo der Korrektor freilich leicht straucheln kann: die falsche Zählung der Scenen, da die Ziffer I, 3 zweimal gesetzt ist | S. 95 Z. 17 Ausgeartetste aus Ausgearteste | S. 96 Z. 14 Rechtschaffenheit aus Rechtsaffenheit | S. 97 Z. 23 scheinen mehrere Worte ausgefallen zu sein; der Sinn ist leicht zu erraten | S. 98 Z. 3 kann sies aus kanns | Z. 19 Frauenzimmern aus Frauenzimmer | Z. 22 dem aus den | S. 101 Z. 28 abtrocknend aus abtrockend | S. 103 Z. 8 tranken aus trunken | Z. 29 daß ich um aus daß um | S. 104 Z. 2 mit leiden (vgl. S. 101 Z. 6) aus mitleiden | Z. 13 Pfui (Pfuy?) aus Pfu | Z. 17 Stubenhütens aus Stubenhüttens | Z. 31 inniges aus ainiges | S. 105 Z. 16 sie aus Sie | Z. 20 befürchtst aus befürchst | Z. 32 unsre aus unsrer | Z. 34 zwanzig aus zwanggig | S. 106 Z. 13 spukts aus spukst | fühlt aus fiehlt | S. 107 Z. 2 verheyratheten aus verhayratheten | S. 108 Z. 2 zu wollen aus wollen | Z. 11 verkennt: aus verkennt, | Z. 18 v. Harroth aus Harroth | Z. 23 im Rinnsteine aus in Rennsteine | Z. 25 vielen aus viele | Z. 27 ihm aus ihn |

Endlich in den Proben aus Wagners Tragikomödie: S. 111 Z. 14 überreiche aus übereiche | Z. 16 ward aus war | S. 112 Z. 13 weiße Weste aus weise Weste | S. 113 Z. 14 ganzem aus ganzen | Z. 18 ihm aus ihn |

Wien, 1. Juni 1883.

Erich Schmidt.

Die Kindermörderinn

ein

Trauerspiel.

[Titelkupfer.]

==========

Leipzig,
im Schwickertschen Verlage.
1776.

Personen.

Martin Humbrecht, ein Metzger.
Frau Humbrecht.
Evchen Humbrecht, ihre Tochter.
Lisbet, ihre Magd.
Magister Humbrecht.
Major Lindsthal.
Lieutenant von Gröningseck.
Lieutenant von Hasenpoth.
Wirthinn im gelben Kreuz.
Marianel, eine Magd darinn.
Frau Marthen, eine Lohnwäscherinn.
Fiskal.
Zween Faustkämmer.
Stadtschreiber, Geschworne; (stumme Personen.)

Der Schauplatz ist in Straßburg, die Handlung währt neun Monat.

Erster Akt.

(Ein schlechtes Zimmer im Wirthshaus zum gelben Kreutz: die Art, wie es meubliret seyn muß, ist aus dem Akt selbst zu ersehn: auf der Seite eine Thüre, die in eine Nebenkammer führt. Lieutenant von Gröningseck führt Frau Humbrecht an der Hand herein. Evchen, ihre Tochter, geht hinter drein: die Frauenzimmer haben Domino, Er eine Wildschur an; alle noch ihre Masken vor.)

Marianel (setzt ein Licht auf den Tisch, im Abgehn.) Sie haben schon befohlen? (Lieutenant winkt ja, Magd ab.)

Fr. Humbrecht (die Maske vom Gesicht ziehend). Herr Hauptmann! sie stehn mir doch —

v. Gröningseck (wirft Wildschur, Maske und Hut hin). Für alles, liebe Frau Humbrecht! für alles! — Ein Mäulchen, Kleine! das ist Ballrecht: (zieht Evchen die Maske auch ab) sey doch nicht so kleinstädtisch; ein Mäulchen! sag ich: (küßt sie; zur Mutter) Noch aber bin ich nicht Hauptmann, und ich laß mich nicht gern mehr schelten, als ich bin.

Fr. Humbrecht (verneigt sich.) Wie sie befehlen: sie stehn mir doch, Herr Major —

v. Gröningseck. Bravo! bravo! immer besser! ha ha ha!

Evchen. Ey, Mutter, stell sie sich doch nicht so artig; Major ist ja noch mehr als Hauptmann, sie weiß ja gar nichts. — Der Herr Lieutenant wohnt schon einen ganzen Monat bey uns —

v. Gröningseck. Einen Monat und drey Tage, mein Kind! ich hab jede Minute gezählt.

Evchen. Denk doch! ist ihnen die Zeit so lang geworden?

v. Gröningseck. Noch nicht! aber bald möchte sie mirs werden, wenn du nicht —

Evchen. Du! seit wann so vertraut?

v. Gröningseck. Zank nicht, Evchen! zank nicht! müßt mir heut nichts übel nehmen, Leutchen, ich hab ein Gläschen Liqueur zuviel.

Fr. Humbrecht. Was ich fragen wollt, Herr Leutenant, sie stehn mir doch davor, daß wir in einem honetten Haus sind?

v. Gröningseck. So soll mich der Teufel lebendig zerreißen, Frau Humbrecht! wenn hier nicht täglich alles, was beau monde heißt, zusammenkommt: — sehn sie nur an, wie schlecht das Zimmer meublirt ist. —

Fr. Humbrecht. Eben drum!

v. Gröningseck. Eben drum! freilich, eben drum! Das macht, die guten Zimmer sind alle schon besetzt. Meynt sie denn pardieu! der Lieutenant [7] von Gröningseck würde sich sonst in einen solchen Stall weisen lassen? Drey Stühl, und ein Tisch, den man nicht anrühren darf! (er stößt daran, der Tisch fällt um, das Licht mit, geht aus.)

Fr. Humbrecht. Herr Jemine das Licht! Herr Leutenant, das Licht!

v. Gröningseck (ihr nachäffend.) Das Licht! das Licht! hat der Henker das geholt, so gibts noch andre. — Wo ist der Leuchter? — (sucht.)

Evchen. Hier hab ich ihn schon.

v. Gröningseck. Wo? wo?

Evchen. Ey hier! sie greifen ja bran vorbey — pfuy! —

Fr. Humbrecht. Was ist? was giebts?

v. Gröningseck. Gar nichts! (nimmt den Leuchter ab, und geht nach der Thüre) Hola, des flambeaux! (Ein altes Weib hält ihm ohne sich recht sehn zu lassen, ein Licht hin, er steckt seines an.)

Evchen (sich die Hände am Schnupftuch abwischend.) Ey da hab ich mir die Hände am Inschlitt beschmiert. (Wirft dem Lieutenant heimlich einen drohenden Blick zu: er lächelt.)

Fr. Humbrecht. Wenns sonst nichts ist —

v. Gröningseck (stellt den Tisch wieder auf, das Licht drauf.) Das war ma foi ein Hauptspaß! eben red ich von dem krüpplichten Hund, da stürzt die Kanaille zu Boden — Bald hätten wir das Beste übersehn, le diable m'emporte, c'est charmant! c'est divin! seht doch das Stellagie da an, halb Bett, halb Kanape; ich glaub gar, es ist [8] ein Feldschragen, den sie aus dem Spital gestohlen haben; ha ha ha! — Was wett ich, sie haben kein so schönes Brautbett gehabt, Frau Humbrecht? — Zwar nur ein Strohsack — (drückt mit der Hand drauf) aber doch gut gefüllt, — elastisch! —

Fr. Humbrecht (halb böse.) Ey was, Herr Leutenant! in Gegenwart meiner Tochter —

v. Gröningseck. Muß ich sie küssen — guckst scheel, Evchen? — noch einmal, dem Evchen zum Possen! — so! aller guter Ding sind drey. — (geht auf Evchen los, bietet ihr die Hand, sieht ihr starr in die Augen, sachte zur Tochter) Das war Strafe für dein unzeitiges Pfui! (Evchen lacht, schlägt ein.)

Fr. Humbrecht (während obiger Pantomime.) Er ist zum Fressen, der kleine Narr! man muß ihm gut seyn, nicht ob man will: wie Quecksilber, bald da, bald dort.

Marianel (kommt.) Befehlen sie, daß man aufträgt?

v. Gröningseck. Das versteht sich pardieu! je eher je besser, und je mehr je lieber!

Fr. Humbrecht. Komm, Eve! ich muß den Domino ein wenig ausziehn, es wird mir so warm ums Herz.

Evchen. Mir auch Mutter! (nimmt der Magd die Lampe ab, und geht mit ihrer Mutter ins Nebenzimmer.)

[9] **v. Gröningseck.** Desto besser! (sachte) für mich. (ruft ihnen nach) Soll ich die Kammermagd vorstellen? ich kann perfekt mit umgehn. —

Fr. Humbrecht. Ey ja! das wär mir schön. Nein, so eine Kammermagd wär uns viel zu vornehm.

Evchen. Wir könnens ohne sie, Herr Blaurock! (schabt ihm hinterrücks der Mutter ein Rübchen, und schlägt die Thür zu.)

v. Gröningseck. Wo führt denn dich das Donnerwetter hierher, Marianel? bist nicht mehr im Kaffehaus dort an der Eck? — das kleine Stübchen war sehr bequem —

Marianel. Gar recht, daß du selbst davon anfängst, du Teufelskind — gar recht! bist mir auch noch's Christkindel schuldig, gleich gib mirs, oder ich verrath dich. —

v. Gröningseck. Ich — dir schuldig? hab ich dir nicht jedesmal deinen kleinen Thaler gegeben, wenn —

Marianel. Ja schön allemal bezahlt! wie oft hab ich dir borgen müssen? gelt du weist es nit du Saufigel, wie er den Sonntag vor Weihnachten noch des Nachts um zwölf einen Lerm machte, als wollt er das Haus stürmen, und wie ich ihn heimlich zur Hinterthür herein ließ, und wie ich ihm Thee kochte, und wie er mich über und über bespie, und —

[10] **v. Gröningseck.** Und — und — halts Maul zum — hier sind sechs Livres, du Schindaas — Aber eins mußt du mir zu Gefallen thun —

Marianel. Alles, alles, mein Kostbarle! sag! red! (will ihn liebkosen.)

v. Gröningseck (stößt sie von sich.) Das ist heut überflüßig: wenn der Soldat Eyerweck hat, frißt er kein Kommißbrod.

Marianel. Denk doch, Kostbarle, bist sehr verschleckt; wirst froh seyn und von selbst wiederkommen.

v. Gröningseck. Das denk ich auch, Narr! so bös ists nicht gemeynt! — sieh, da ist ein Päckchen, das nimm, und wenn ich um Punsch ruf, so thu das Pulver, das drinn ist, ins erste Glas voll, das du auf den Tisch stellst. —

Marianel. Geh du zum lüftigen Teufel mit samt deinem Pulver, du tausendsakerment! willst mich die Leut vergiften machen? — meynst, ich hab kein Gewissen, du Höllenhund? —

v. Gröningseck. So hör mich doch an, Marianchen! sakerment hör mich, ober — Es ist kein Gift, ein kleiner Schlaftrunk ists, wenns doch wissen willst — und hier ist noch ein großer Thaler —

Marianel. Ja so! das ist was anders — so gib nur her. (Sie greift nach dem Geld, er steckts wieder ein.)

v. Gröningseck. Hier ist das Pulver — mach deine Sachen ja klug! wenn ich fortgeh, kriegst du den großen Thaler.

Marianel. Warum nicht gleich?

v. Gröningseck. Einer Hur ist niemals zu trauen —

Marianel (im Fortgehn.) Keinem Schelmen auch nicht; und wenn keine Hurenbuben wären, so gäbs lauter brave Mädels. — Darfts wohl noch schimpfen, ihr — erst schnitzt ihr euch euren Herrgott, dann kreuzigt ihr ihn. —

v. Gröningseck. Halts Maul! und thu, was ich dir sagte.

Marianel. 'S wird einen Dreck nutzen. (ab.)

v. Gröningseck. Das ist meine Sorge! Es müßte toll hergehn, wenn ich die Alte nicht über den Gänsmist führen sollt. — (zu Evchen, die zurück kommt, die Mutter hinter brein) So, ma chere, das ist recht, das ist schön, sehr schön! — le diable m'emporte — siehst so recht appetitlich aus! so dünn und leicht angezogen! — bist auf mein Ehr recht hübsch gewachsen, so schlank! alles so markirt! —

Fr. Humbrecht. Na, Herr Leutenant, wie seh denn ich aus? gelt! zum Spektakel —

v. Gröningseck (ohne sie anzusehn.) Superb, superb! das Neglische steht ihnen recht gut.

Fr. Humbrecht. Ja, das sagt er so: Gedanken sind zollfrey, denkt er; — wenn nur ein Spiegel da wäre! —

v. Gröningseck. Wie göttlich schön dir das berangirte Haar läßt, mein Liebchen! kann mich nicht satt an dir sehn: — die Zöpfe so flott! (küßt sie, und führt sie, den Arm um ihren Leib geschlungen, dem Tisch zu, setzen sich nebeneinander.)

Fr. Humbrecht (sich mittlerweil betrachtend.) Du hast fast recht, Eve, ich hätte den Domino wieder umwerfen sollen — jetzt seh ichs erst, bey der Lampe hab ichs nicht so bemerkt — mein Mantlett ist fast gar zu schmutzig.

Evchen. Habs ihr ja gleich gesagt, aber da hat sie keine Ohren gehabt.

v. Gröningseck. Es ist gut, Leutgen! 's ist gut! Frau Humbrecht, 's ist gut, sag ich.

Fr. Humbrecht. Na denn! wenns nur ihnen gut genug ist, — (geht zu ihm und spielt ihm an der Epaulette) — ich hab eben gedacht, unter der Maske sieht mans ja nicht, obs rein oder schmutzig ist, und thust du ein weißes an, dacht ich, so wirds doch auch verkrumpelt.

v. Gröningseck. Eine vortrefliche Haushälterinn, bey meiner Treu! (läßt Evchens Hand gehen, packt ihre Mutter um den Leib, und stellt sie zwischen seine Beine) très bonne ménagère! — sind sie denn nicht müde geworden auf dem Ball, mein Weibchen?

Fr. Humbrecht. Ey wer kann benn da müd werden, es gibt immer etwas zu sehn! immer was neues! ich hätt, glaub ich, noch die ganze Nacht und den ganzen Tag durch ohngegessen und ohngetrunken auf einem Fleck sitzen können.

Evchen. Ich nicht! am Zusehn hätt ich gar keine Freud.

[13] **v. Gröningseck.** Du machst lieber selbst mit, nicht wahr?

Evchen (unschuldig.) Ja!

Fr. Humbrecht (lacht; sich recht auszulachen bückt sie sich vorwärts an des Lieutenants Brust, das Gesicht von Evchen abgekehrt: Er spielt ihr am Halsband, sie drückt ihm die Hand, und küßt sie.) Das hat sie nicht verstanden: müssen ihr ihre Dummheit nicht übel auslegen. (Sich aufrichtend) Sie sind auch gar zu schlimm, daß sie es nur wissen.

Marianel (bringt Essen, hernach Wein und Gläser, setzt es hin, geht ab.)

v. Gröningseck. Allons fix! Platz genommen, meine Lieben!

Das Frühstück ist da; — zugegriffen! — (sie setzen sich, er legt vor) Hier, Madam —

Fr. Humbrecht. Pfui doch! ich habs ihnen ja schon oft gesagt, ich mag nicht Madam heißen; ich bin halt Frau schlechtweg — sorgen sie aber auch für sich. —

Evchen. Wo denken sie hin? — was soll ich mit alle dem Essen anfangen? (will wieder in die Schüssel legen.)

Fr. Humbrecht. Laß nur, behalts! — Kanst ja, was du nicht essen kanst, in die Poschen stecken — nit wahr? Herr Leutenant! — bezahlt muß es doch werden.

v. Gröningseck. Richtig, mein Weibchen! (kneipt ihr in die Backen, und schielt auf Evchen) Ma foi sie haben Verstand wie ein Engel; gleich wissen sie sich zu helfen. — Pardieu! der Mus= [14] katenwein ist vortreflich! (stößt an) Unsre Gesundheit! — der künftige Mann, Evchen!

Fr. Humbrecht. O das hat noch Zeit; — sie ist erst achtzehn Jahr alt.

v. Gröningseck. Schon drey Jahr verlohren!

Fr. Humbrecht. Denk doch! und ich war nächst an den vier und zwanzigen, als ich meinen Humbrecht kriegte, und doch lachten mich meine Kameräden all aus, daß ich so jung heyrathete.

v. Gröningseck. Gothische Zeiten! Gothische Sitten! — (stößt an) Nun die Brautnacht, Frau Humbrecht!

Fr. Humbrecht. Hi hi hi! sie wollen mir, glaub ich, ein Räuschchen anhängen, nein, nein! da wird nichts draus. — Na denn; meinem lieben Mann zu Ehren; ich geb mir die Ehr — (will aufstehn.)

v. Gröningseck (hält sie davon ab.) Ohne Komplimenten! wir trinken noch eine Bouteille, und dann setzen wir ein Gläschen Punsch oben drauf.

Fr. Humbrecht. Behüt und bewahre! Das würde mir eine schöne Wirthschaft geben: — nein, nein! wenns ihnen gefällig ist, wollen wir jetzt aufbrechen —

v. Gröningseck. Aufbrechen? jetzt schon? rappelt dirs Weibchen? — (faßt sie um den Hals) Wahrhaftig, da würden wir uns schön affigiren. — (sieht auf die Uhr) Erst halb drey! die ganze Nachbarschaft würde uns auslachen, wenn wir um halbdrey schon vom Ball nach Haus kämen. — [15] Laffen sie sich nur nichts davon träumen, Frau Humbrecht! — Vor einer Stunde kommen sie mir nicht vom Fleck hier, und dann fahren wir noch erst wieder auf den Ball zurück; — ich hab Kontermarken genommen.

Evchen. O ja Mutter! noch auf den Ball wieder!

Fr. Humbrecht. Na so denn! weil ich dir doch eine Freude hab machen wollen; und weil uns der Herr Leutenant so viel Ehr erzeigt, so will ichs denn nur erlauben — dein närrischer Vater läßt dich ja so nie aus dem Haus. —

v. Gröningseck. Das heiß ich geredet: wenn man nur selten ans Vergnügen kommt, so muß mans auch recht genießen, zudem ist heute der letzte Ball für dies Jahr: also — Frisch Evchen! nicht so geleppert, das Glas muß aus: (Evchen leerts) So bist brav! sollst auch ein Mäulchen haben! (küßt sie) Hola! la maison! (Marianel macht die Thür auf) Punsch! (Magd wieder ab.)

Evchen. Was ist denn der Punsch eigentlich für ein Getränk, Mutter?

Fr. Humbrecht. Ich weiß selbst — es ist halt —

v. Gröningseck. Wie, Evchen, du weist nicht, was Punsch ist, hast noch keinen getrunken? — Ihr Leute lebt ja, wie die Bettelmönche — schon achtzehn Jahr alt, und heut zum erstenmal auf dem Ball gewesen, und weiß nicht, was Punsch ist? — Ein Nektar! ein Göttertrank ists! le [16] diable m'emporte, s'il n'est pas vrai! Wenn ich König von Frankreich wär, so wüßt ich mir dennoch kein delikaters Gesöff zu ersinnen, als Punsch; der ist und bleibt mein Leibtrank, so wahr ich — Ah le voila! (Marianel bringt drey Schoppengläser auf einem Krebenzteller; er nimmt ihr eins nach dem andern ab, beym ersten, das sie ihm hinhält, frägt er sie) Ist das vom Rechten?

Marianel (sich tief verneigend.) Ihnen gehorsamst aufzuwarten. — (zwickt ihn ungesehn der andern im Arm, er sieht sie stolz an, und macht eine Bewegung mit der Hand, daß sie fortgehn soll: sie verneigt sich nochmals und geht, mit Mühe das Lachen verbeißend, ab.)

Fr. Humbrecht (hält das Glas an die Nase.) Ja da kommen sie mir schön an, beym Blut; da trink ich keinen Tropfen von; — das riecht einem ja, Gott verzeih mirs! so stark in die Nase, daß man vom blosem Geruch besoffen wird.

v. Gröningseck. Grade das Gegentheil, Weibchen! grade das Gegentheil; ich geb ihnen meine parole d'officier, oder auch meine parole de maçon, welche sie wollen, daß ich mich schon mehrmals zwey auch dreymal in einem Nachmittag besoffen, und jedesmal im Punsch mich wieder nüchtern getrunken habe.

Evchen. Ja sie: sie haben den Magen schon ausgepicht, aber ich bin gar nichts starkes gewohnt.

[17] **v. Gröningseck.** Gut! so will ich kapituliren: Evchen trinkt soviel sie will, und ihren Rest nehm ich noch auf mich; die Mama aber leert ihr Glas, so ist hübsch die Proportion gehalten. — Allegro! ins Gewehr! — (Er reicht jeder ihr Glas, nimmt seines, stößt an, sie trinken.)

Evchen (speit aus.) Pfui! das brennt einen ja bis auf die Seele.

Fr. Humbrecht. Du Unart! geht man denn mit Gottes Gab so um? (trinkt wieder fort) — Mir schmekts ganz gut — fast wie Rossoli.

v. Gröningseck. So ungefähr, ja! wenns ihnen nur schmeckt, Weibchen. — Aber eins, Evchen, must du mir, wenn wir wieder auf den Ball fahren, versprechen, daß du mir keinen Teutschen mit jemand anders, als mit mir tanzest; Kontertänz so viel du willst.

Fr. Humbrecht. Gelt! sie kann nichts? hats eben wieder verlernt. —

v. Gröningseck. Nicht doch! — sie tanzt nur zu gut, macht ihre Figuren, Wendungen, Stellungen mit zu viel grace, zu reizend, zu einnehmend — ich kanns ohne heimlich eifersüchtig zu werden, nicht mit ansehn.

Fr. Humbrecht. Ey sie belieben halt zu veriren! — sie hat zwar drey Winter hintereinander beym Sauveur Lektion genommen. —

v. Gröningseck. Beym Sauveur! — pardieu! da wunderts mich nicht mehr — ich hab auch bey ihm repetirt: — c'est un excellent [18] maitre pour former une jeune personne! — sein Wohlseyn! (Fr. Humbrecht und er trinken) — aber, comment diable kamen sie an den Sauveur? der hat ja immer so viel mit Grafen und Baronen zu thun —

Evchen. Es waren auch drey Baronen und ein reicher Schweitzer, die beym Herr Schaffner neben uns logirten, und weil sie noch Frauenzimmer brauchten, so luden sie mich auch ein.

v. Gröningseck. Die Kerls hatten, hohl mich der Teufel! keinen übeln Geschmack. — Wie lang ist es?

Fr. Humbrecht (gähnend.) Schon fünf Jahr, glaub ich —

Evchen. Ja so lang ists gewiß, wenns nicht gar sechse sind.

v. Gröningseck. Das laß ich gelten: — da warst du zwölf Jahr alt, und stachst doch schon den Barons in die Augen —

Evchen. Ey Mutter! sie wird doch, hoff ich, nicht einschlafen wollen?

v. Gröningseck (faßt sie mit der einen Hand um den Hals, und hält ihr mit der andern das Glas an Mund.) — Das Restchen noch, Frau Humbrecht!

Fr. Humbrecht (stößt das Glas von sich.) Kein Tropfen mehr. (er setzt es weg) Ich kann die Augen nicht mehr aufhal — (fällt schlafend dem Lieutenant an die Brust.)

Evchen. Gerechter Gott! was soll das denn [19] seyn? — (springt ganz erschrocken und besorgt auf, schüttelt ihre Mutter) — Mutter! was fehlt ihr: — hört sie? hört sie nicht? — Guter Himmel! wenn sie nur nicht krank wird! —

v. Gröningseck. Sey ruhig, Evchen! es hat nichts zu bedeuten — in einer Viertelstunde ist sie wieder so wach, als vorher: — Der Punsch hats gethan — sie ist ihn nicht gewohnt.

Evchen (schüttelt sie wieder.) Mutter! — Mutter! — sie liegt in Ohnmacht, glaub ich, oder ist gar tod. —

v. Gröningseck. Ohnmacht! — Tod! — Narrenspossen! — fühl den Puls hier — sie hat ein wenig zu hastig getrunken, das ist alles. — Komm, Evchen! hilf mir sie aufs Bett dort führen, sie wird mir warlich zu schwer so. — (Evchen und er führen sie ans Bett, und legen sie queer über) — Pardieu! vorher machten wir uns über das Stellagie lustig, und jetzt sind wir froh, daß wirs haben.

Evchen (ganz bestürzt.) Noch weiß ich nicht, wie mir geschieht! — hätt ich sie nur zu Hauß!

v. Gröningseck (sezt sich neben die Mutter, zieht Evchen nach sich.) Sey doch kein Kind, ma chere! was ists denn weiter? — wir kommen noch zeitig genug wieder auf den Ball. — (sieht ihr starr unter die Augen) — Bist du mir gut, Evchen?

Evchen. Ums Himmelswillen sehn sie mich nicht so an; ich kanns nicht ausstehn.

[20] *v. Gröningseck.* Warum denn nicht, Närrchen? (küßt ihr mit vieler Hitze die Hand, und sieht ihr bey jedem Kuß wieder starr in die Augen.)

Evchen. Darum! — ich will nicht. — (Er will sie umarmen und küssen, sie sträubt sich, reißt sich los, und lauft der Kammer zu.) Mutter! Mutter! ich bin verlohren. —

v. Gröningseck (ihr nacheilend.) Du sollst mir doch nicht entlaufen! — (schmeißt die Kammerthür zu. Innwendig Getös; die alte Wirthin und Marianel kommen, stellen sich aber, als hörten sie nichts; nach und nach wirds stiller.)

Wirthin. Räum geschwind ab; — sieh, wie das alte Murmelthier dort schläft.

Marianel. Hättet ihr mir nur meinen Willen gelassen;

weiß wohl, wer jetzt schlafen müßt! — da hätt man doch auch was fangen können.

Wirthin. Ja fangen! — du und der Teufel fang! Die Offizier sind dir die rechten. — Da verlohr einer vom corps royal vorm Jahr einen lumpichten Kugelring, hat mir der Racker nit bald's Fell über die Ohren gezogen! — wollt mirs Haus über dem Kopf anstecken, wenn ihn nicht die Christine noch im Strohsack wieder gefunden hätt. — Geh du an Galgen mit deinem Fangen! — mir komm nit! — — Was steckst im Sack da? he! Staubbesenwaar! was steckst ein? willst reden? —

Marianel. St! st! eine Tobacksbüchs: — wir theilen — gehört dem Marmottel dort. —

[21] **Wirthin.** Gewiß? — wenn sie dem Leutnant ist!

Marianel. Nein doch, sag ich. — Ich weiß es —

Wirthin. So mach fort! — marsch! die Bouteillen können noch stehn bleiben. — Wenn er nach der Zech frägt — anderthalb Louisdor — (ab.)

Marianel. Schon gut! und eine halbe für mich, macht zwo. (raumt vollends ab, und schleicht auf den Zehen hinaus.)

Evchen (stürzt wieder aus dem Nebenzimmer heraus, auf ihre Mutter hin.) — Mutter! Rabenmutter! schlaf, — schlaf ewig! — deine Tochter ist zur Hure gemacht. — (fällt schluchzend ihrer Mutter auf die Brust; der Lieutenant geht ein paarmal die Stub auf und ab, endlich stellt er sich vor sie.)

v. Gröningseck. So wollen sie denn gar nicht Raison annehmen, Mademoiselle? — wollen sich selbst fürs Teufels Gewalt prostituiren? — alle Welt wissen lassen, was jetzt unter uns ist?

Evchen (richtet sich auf, bedeckt aber das Gesicht mit dem Schnupftuch.) — Fort, fort! Henkersknecht! — Teufel in Engelsgestalt!

v. Gröningseck. Sie haben Romanen gelesen, wies scheint? — Ewig schade wärs ja, wenn sie nicht selbst eine Heldin geworden wären. (geht wieder auf und ab.)

Evchen. Spott nur, Ehrenschänder, spott nur! — ja ich hab Romanen gelesen, laß sie um euch Ungeheuer kennen zu lernen, mich vor euren Rän= [22] ken hüten zu können — und bennoch! Gott! Gott! — dein Schlaf ist nicht natürlich, Mutter! jetzt merk ichs. —

v. Gröningseck. Ums Himmelswillen, so komm doch zu dir! — du bist ja nicht die erste. —

Evchen. Die du zu Fall gebracht hast? — bin ichs nicht — nicht die erste? o sag mirs noch einmal!

v. Gröningseck. Nicht die erste, sag ich, die Frau wurde, eh sie getraut war. — Von dem jetzigen Augenblick an bist du die Meinige; ich schwurs schon in der Kammer, und wiederhohls hier bey allem, was heilig ist; — auf meinen Knieen wiederhohl ichs. — In fünf Monaten bin ich majorenn, dann führ ich dich an Altar, erkenne dich öffentlich für die Meine. —

Evchen. Darf ich dir trauen, nach dem, was vorgefallen? — Doch ja! ich muß — ich bin so verächtlich als du, verächtlicher noch! — kanns nicht mehr werden, nicht tiefer sinken! — (die Thränen abtrocknend) Gut, mein Herr Lieutenant, ich will ihnen glauben, — (steht auf) Stehn sie auf und hören sie meine Bedingung an. — — Fünf Monat, sagten sie? gut! so lang will ich mich zwingen, mir Gewalt anthun, daß man meine Schande mir nicht auf der Stirne lesen soll: — aber! — ist es ihr würklicher Ernst, was sie geschworen haben? — sind sie stumm geworden? — Ja! oder nein! —

v. Gröningseck. Ja; ja Evchen! so wahr ich hier stehe! — [23] **Evchen** (küßt ihn, reißt sich aber, sobald er sie wieder küßt, gleich los.) Hör weiter! so sey dieser Kuß der Trauring, den wir einander auf die Eh geben. — Aber von nun an, bis der Pfarrer sein Amen! gesagt, von nun an — hören sie ja wohl, was ich sage — unterstehn sie sich nicht, mir nur den Finger zu küssen; — sonst halt ich sie für einen Meineidigen, der mich als eine Gefallene ansieht, der er keine Ehrerbietung mehr schuldig ist, der er mitspielen kann, wie

er will: — und so bald ich das merke, so entdeck ich Vater oder Mutter — es gilt gleich, wer? — dem ersten dem besten alles, was vorgegangen, und sollten sie mich mit Füßen zu Staub treten! — Haben sie mich verstanden? — warum
5 so versteinert, mein Herr? — wundert sies, was ich gesagt habe? — jetzt lassen sie den Kutscher rufen.

v. Gröningseck. Ich bewundre sie, Evchen! — in diesem Ton —

Evchen. Spricht beleidigte Tugend: — muß so sprechen:
10 — Jetzt hängt es von ihnen ab zu zeigen, ob sie wahr geredet haben.

v. Gröningseck (will auf sie loß.) Engelskind! —

Evchen (tritt zurück.) Schimpfst du mich, Verräther? — kannst du Engel sagen, ohne an die Gefallne zu denken?
51 gefallen durch dich! —

(Lieutenant v. Gröningseck ab, der Vorhang fällt.)

[24] # Zweyter Akt.

(Wohnstube im Humbrechtischen Haus; bürgerlich meublirt; auf der Seite ein Klavier. — Martin Humbrecht sitzt ganz mür-
20 risch in einer Ecke, den Kopf auf die Hand gestützt: Frau Humbrecht arbeitet.)

Fr. Humbrecht. Ich weiß auch gar nicht, wie du mir vorkommst, Mann! — du gönnst deinem Kind die liebe Sonne nicht, die es bescheint, vielweniger ein anders Ver-
25 gnügen.

Humbrecht. Du hast Recht, Frau! — hast immer Recht!

Fr. Humbrecht. Ists nicht wahr, sag? — sitzt er nicht da und macht ein Gesicht, wie eine Kreuzspinne: — wenn wir alle halb Jahr nur einmal zum Haus naus schmecken,
30 so ist gleich Feuer im Dach.

Humbrecht. Hast Recht, Frau! hast immer Recht! —

wenn ich dir aber gutmeynend rathen soll, so halts Maul — verschwören will ichs jemals wieder aus dem Haus zu gehn, und sollt alles den Krebsgang nehmen!

Fr. Humbrecht. So sag doch warum? du hast keine Ursach über mich zu klagen; ich verschleck dir nichts; ich versauf dir nichts; ich geh nicht neben hinaus. —

[25] **Humbrecht** (lacht ihr unter die Nase.) O! du bist ein Muster von einer guten Frau; das ist je stadtkundig; — ewig schade! daß du nicht katholisch bist; könntst mit der Zeit wohl gar noch kanonisirt werden. — Heilige Frau Humbrecht, bitt für uns! ha ha ha!

Fr. Humbrecht. Spott, wie du willst: ich bin und bleib doch, was ich bin.

Humbrecht. Wer läugnets? du bist und bleibst halt in alle Ewigkeit eine — —

Fr. Humbrecht. Was eine? — heraus! wenn du was weist: heraus! — kanst du mir beweisen, daß ich dir das geringste verwahrlose? — hab ich die Augen nicht allerwärts?

Humbrecht. Nur da nicht, wo du sie am allererstens haben solltst. — Deiner Tochter läßt du zu viel Freyheit, wenn ich denn doch alles zehnmal sagen muß.

Fr. Humbrecht. Und du läßt ihr zu wenig — es ist wohl eine große Sache, daß sie einmal auf dem Ball gewesen ist; was ist denn übels dran? he! — gehn nicht so viel andre honette Leute auch drauf?

Humbrecht. Es gehört sich aber nicht für Bürgersleut — ich bin funfzig Jahr mit Ehren alt geworden, hab keinen Ball gesehn, und leb doch noch. (Magister Humbrecht kommt herein.)

Fr. Humbrecht. Er kommt eben recht, Herr Vetter Magister; mein Mädel wird heut keine [26] Klavierstunde nehmen, und da kann er mir jetzt helfen meinem Mann dort den Kopf zurecht setzen.

Magister. Das werden die Frau Baas wohl ohne mich

können. — Aber — (sich das weiße Krägelchen zurechtlegend) darf ich fragen, ist die Jungfer Tochter krank?

Humbrecht. Gar nicht, Vetter! gar nicht! sie fängt nur an nach der neuen Mode zu leben, macht aus Nacht Tag und umgekehrt.

Magister. Das heißt wohl so viel, als sie schläft noch?

Fr. Humbrecht. Ich will ihm nur sagen, Herr Vetter Magister. Wir waren gestern Nachts auf dem Ball, meine Eve und ich; unser Herr Leutenant hier oben, ließ uns die leibliche Ruh nicht: — die ganze Faßnachten über hat er uns alle Sonntag sehr inständig gebeten, ihm die Ehr an= zuthun; — gestern kam er wieder und lud uns ein; und da es der letzte Ball war, wie er sagte, auf den man mit Ehren gehn könnte, denn am mardi gras, sagte er, giengen nur Perukenmacher drauf, so wollt er sich absolut keinen Korb geben lassen, und —

Humbrecht. Und, weil ich just in meinem Beruf aus= geritten war, so machten sie sich's zu nutz, und schwänzelten auf den Ball.

Fr. Humbrecht. Ist denn da aber was übels dran, Herr Vetter Magister?

Humbrecht. Da fragst du den rechten! was [27] weiß ein Klosterer vom Ball? da versteht er grad so viel davon, als von der Mast. — Hängen will ich mich lassen, wenn er Buch= und Eich=Mast zu unterscheiden weiß!

Fr. Humbrecht. Je nun! die Herren kommen aber doch überall herum; sie hören doch auch, was mores ist: — sag er nur ungescheut, Herr Vetter, ists denn so was sündlichs ums Ballgehn?

Magister. Ihnen diese Frage zu beantworten, muß ich unterscheiden, werthste Frau Baas! erstlich das Ballgehn an sich selbst, und zweytens die verschiedene äußere Umstände, die damit verbunden sind, oder verbunden seyn können, be= trachten. — Was nun den erstern Punkt betrifft, so seh ich am Ballgehn an und für sich eben nichts sündliches: es ist

eine Ergötzung, und nach der neuen Theologie, die aber im
Grund auch die älteste und natürlichste ist, ist jede Ergötzung
auch eine Art von Gottesdienst. —

Humbrecht. Vetter! Vetter! gebt Acht, daß man euch
Schwarzkittel nicht all zum Teufel jagt, wenn dieser neue
Gottesdienst erst eingeführt wird!

Magister. Ich sagte ja nur, Ergötzung wäre eine Art
von Gottesdienst: dies schließt aber die andern Arten alle
noch nicht aus, und folglich sind wir Lehrer auch noch nicht
überflüßig. Doch — diesen Beweißgrund, den ich ihnen bey
einer andern Gelegenheit besser erklären, deutlicher exegesiren
will, beyseite gesetzt, — will ich mit ihrer [28] Erlaubniß,
Herr Vetter, sokratisch demonstriren, und nur zwo Fragen
an sie thun; — erstens, glauben sie denn, daß so viele
rechtschaffene Mütter, brave Weiber, die so gar Personen
vom Stande sind, theils selbst auf den Ball gehn, theils
ihre Töchter darauf führen würden, wenn sie sich ein Gewissen
darüber machen müßten?

Fr. Humbrecht. So recht! Herr Vetter Magister; das
wars!

Humbrecht. Die mögen meinetwegen auch ein Gewissen
haben, das größer ist als die Metzger-Au draussen! — Was
scheeren mich die mit samt ihrem Stand? — ich hab auch
einen Stand, und jeder bleib bey dem Seinigen! — Und
dann, so hab ich ja noch nicht gesagt, daß das Ballgehn
überhaupt nichts taugte; — meine Leut aber sollten nicht
drauf gehn, das sagt ich! — Laßt die immerhin drauf
herumtänzeln, die drauf gehören, wer wehrts ihnen? — für
die vornehmen Herren und Damen, Junker und Fräuleins,
die vor lauter Vornehmigkeit nicht wissen, wo sie mit des
lieben Herrgotts seiner Zeit hinsollen, für die mag es ein
ganz artigs Vergnügen seyn; wer hat was darwider? —
aber Handwerksweiber, Bürgerstöchter sollen die Nas davon
lassen; die können auf Hochzeiten, Meisterstückschmäusen, und
was des Zeugs mehr ist, Schuh genug zerschleifen, brauchen
nicht noch ihre Ehr und guten Namen mit aufs Spiel zu

ſetzen. — — Wenn denn vollends ein zuckerſüßes Bürſchchen in der Uniform, oder ein [29] Barönchen, des ſich Gott erbarm! ein Mädchen vom Mittelſtand an ſolche Oerter hinführt, ſo iſt zehn gegen eins zu verwetten, daß er ſie nicht
5 wieder nach Haus bringt, wie er ſie abgehohlt hat.

Fr. Humbrecht. Ey Mann! biſt du närriſch? — du wirſt doch etwa nicht gar glauben, daß unſre Tochter —

Humbrecht (ihr nachäffend.) Du wirſt doch etwa nicht gar glauben — — über die Fratze! — ich glaub nur, was ich
10 weiß — wenn ichs aber glaubte! — wenn! wenn! — (mit geballten Fäuſten) Himmel, wie wollt ich mit euch umſpringen! —

Magiſter. Nicht doch, Herr Vetter! ſie werden ja, hoff ich, nicht in Harniſch gerathen über eine Handlung, die an
15 ſich ſo gleichgültig iſt, die vollkommen unter diejenigen gehört, die nach der ſtrengſten Kaſuiſtick weder für gut noch für bös können gehalten werden.

Humbrecht. Gibts viel ſolcher Handlungen in ſeinem Katechismus?

20 Magiſter. Verſchiedene! und daß das Ballgehn mit dazu zu rechnen ſey, bin ich ſo ſehr überzeugt, daß ich ihnen — doch unter uns — geſtehn will, ich bin ſelbſt einmal drauf gewiſcht.

Humbrecht (mit Hitze auffpringend.) So wird davor alle
25 Jahr zweymal für euer Kloſter an den Kirchthüren kollektirt! — (im Fortgehn) Adieu, Vetter! und hohl mich der Teufel, wenn ich noch einen Sols in die Schüſſel werfe. Adieu! (ab.)

[30] Fr. Humbrecht. Das hat er nun eben nicht geſcheut gemacht, Herr Vetter! ich förcht, er hat es jetzt wieder auf
30 lange Zeit bey meinem Mann verdorben.

Magiſter. Solls wohl ſein Ernſt ſeyn?

Fr. Humbrecht. Freilich iſt ers; er iſt noch ganz von der alten Welt; er kann ſich's nicht vorſtellen, wie ich mein Kreuz mit ihm hab! — Vor zwey Jahren zu Anfang des
35 Winters hätten wir uns bey einem Haar von Tiſch und

Bett, Gott verzeih mirs! geschieden, weil ich mein martern Paladin, daß er von seiner Grosmutter geerbt hatte, gegen ein neumodisches vertauschte; und noch erst vor acht Tagen sollte mein Evchen ein Kind heben, da bestand er mit Leib und Seel darauf, sie müßte die goldne Haube aufsetzen, und doch sieht man sie keinem Menschen mehr auf haben als höchstens Gärtners und Leinwebers Töchtern. — — Nein! das hätt er pfeifen sollen, Herr Vetter Magister! aber nicht sagen.

Magister. Sobald ich mir keinen Vorwurf mache etwas gethan zu haben, so kann ichs auch sagen. Freilich mit Unterschied! meinen Vorgesetzten, zum Beyspiel, die um den Misbrauch zu verhindern, manche Dinge ganz verbieten müssen, das sie nicht thun würden, wenn jener nicht zu befürchten wäre, so etwas auf die Nase zu hängen, verbietet die Klugheit; sonst aber mach ich so wenig ein Geheimniß daraus, daß ichs vielmehr für Pflicht halte alles zu sehn, alles zu prüfen um selbst [31] davon urtheilen zu können. (Der Lieutenant von Gröningseck kommt hastig herein, lauft auf Frau Humbrecht los; Magister steht auf.)

v. Gröningseck. So ganz tête à tête! das ist schön, das will ich dem Herrn Liebsten sagen, Frau Wirthinn, wenn sie mir nicht gleich den Mund stopfen.

Fr. Humbrecht. Hi hi, hi hi hi! das thun sie, mein Mann weiß es schon, er ist erst fortgegangen.

v. Gröningseck. So! (singt) der gute Mann, der brave Mann! — können sie das Liedchen? nicht? — das muß ich sie lehren. — Den Herrn soll ich schon mehr gesehn haben.

Fr. Humbrecht. Es ist mein Herr Vetter: er instruwirt mein Evchen auf dem Klavier.

v. Gröningseck (nimmt nachläßig eine Prise Toback.) So, so! der Herr Vetter Klaviermeister also! —

Magister. Ihr gehorsamer Diener! (der Lieutenant nimmt den Stuhl des Magisters und setzt sich hart neben die Frau Humbrechtin: dieser hohlt sich einen andern Stuhl, und setzt sich auf die andre Seite) — Mit ihrer Erlaubniß, Frau Baas!

v. Gröningseck. Ohne Komplimenten! — pardieu! ich glaub gar, das war ihr Stuhl, — verzeihn sie, Herr Klaviermeister! —

Magister. Ich bins nur für Freunde, denen ich einen Gefallen damit erweisen kann, und verbitte mir also —

[32] *v. Gröningseck.* Gar gern! gar gern! — es geschah nicht mit Vorsatz, Herr Abbe! —

Fr. Humbrecht. Ja, wenn sie wüßten, Herr Leutenant, was ich mit meinem Mann vor eine Hatze gehabt habe wegen dem gestrigen Ballgehn — o das können sie sich gar nicht denken!

v. Gröningseck. Comment? wegen dem Ballgehn! c'est drole! — das ist auf meine Ehr toll genug!

Fr. Humbrecht. Und denken sie nur: da kam der Herr Vetter eben dazu, und da glaubt ich, er sollte mir helfen ihm den Kopf wieder zurecht setzen, aber da ist er grad noch rappelköpfischer geworden.

v. Gröningseck. Das bedaur ich! — es geht aber den Herren Schwarzröcken sehr oft so.

Fr. Humbrecht. Es wär alles gut gewesen, sehn sie; er hat ihm tüchtig die Wahrheit gesagt; aber da verschnappt er sich in der Hitze, und plazte heraus, er wär selbst schon drauf gewesen, und da wollt mein Mann nichts mehr hören noch wissen. — Sehn sie, das hats verdorben — das ganz allein!

v. Gröningseck. Ho ho! der Herr Abbe selbst schon auf dem Ball gewesen! — das hätt ich warlich nicht hinter ihnen gesucht: gewiß nicht!

Magister. Und weswegen nicht, mein Herr?

v. Gröningseck. Hm! des Rocks wegen.

Magister. Wahrhaftig! dies Vorurtheil kleidet sie, da sie sich sonst so einen großen Ton zu [33] geben wissen, sehr schlecht: wären sie tiefer in Frankreich, oder auch an den geistlichen Höfen Teutschlands gewesen, so würden sie wissen, daß Prälaten vom ersten Rang ihrem Anspruch, den sie auf

alle menschliche erlaubte Vergnügungen zu machen berechtigt
sind, keineswegs entsagen. — Würde man bey unsrer Kirch
anfangen eben so klug zu denken und zu handeln, so würde
es weniger übertriebene Zeloten, und eben dadurch auch weniger
Religionsspötter geben.

Fr. Humbrecht. Ey, ey! Herr Vetter!

v. Gröningseck. Der Teufel, war das eine Predigt! —
Ma foi, die erste Hofmeisterstelle, die ich zu vergeben habe,
sollen sie bekommen.

Magister. Ich zweifle. — Der Vater wenigstens, der
mir, wenn ich eine Viertelstunde erst mit ihm gesprochen,
dennoch seinen Sohn anvertrauen wollte, ist schwerlich schon
gebohren.

v. Gröningseck. Wie so! bald machen sie mich auf=
merksam.

Magister. Sie wollen spotten, mein Herr!

v. Gröningseck. Parole d'honneur! nein! — ich wieder=
hohl es, sie haben mich neugierig gemacht ihre Ursachen an=
zuhören.

Magister. Die alle hier gleich anzuführen, ist mir un=
möglich. Ueberhaupt aber würden meine Erziehungs=Grund=
sätze wohl schwerlich heut zu Tag wo Beyfall finden.

Fr. Humbrecht. Ey Herr Vetter Magister! er wird doch
nicht so altväterisch denken, wie mein Mann?

[34] **Magister.** Im Gegentheil! — zu neu, als daß ich
nicht darüber sollte verfolgt werden.

v. Gröningseck. Ein Pröbchen nur, Herr Magister!
nur ein einiges! ich höre so was gar zu gern; ich glaube,
man nennt es Paradoxe, nicht wahr?

Magister. So würd ich zum Exempel in dem kritischen
Zeitpunkt, in welchem der Knabe zum Jüngling übergeht,
sich selbst zu fühlen und der physischen Ursache seines
Daseyns nachzuspüren beginnt — ein Zeitpunkt, der der
Tugend fast aller junger Leute ein Stein des Anstoßes, eine
gefährliche Klippe ist — —

Fr. Humbrecht (steht auf.) Das ist mir viel zu hoch, meine Herren; ich will einmal meine Tochter herausstöbern. (laust ab.)

Magister. So würd ich, wollt ich sagen, in diesen Jahren meinen Eleven auf eine Manier behandeln, die der gewöhnlichen grad entgegen gesetzt ist. — Statt ihn in seiner Unwissenheit auf gut Glück einem bloßen Ungefähr — das unter zwanzigen gewiß neunzehn irre führt — zu überlassen, würde ich ihm den ganzen Adel, die ganze Größe seiner Bestimmung begreiflich zu machen bedacht seyn. —

v. Gröningseck. Das haben schon mehrere vorgeschlagen!

Magister. Noch mehr! — ihm auf Zeitlebens vor allen Vergehungen dieser Art einen schaudernden Ekel beyzubringen, würde ich — wie die Spar- taner ihre junge Leute vor dem Laster der Trunkenheit zu warnen, ihnen ein paar trunkne Sklaven zum Gespötte Preis gaben — so würde ich meinen Eleven selbst an die zügellosesten und ausgelaßensten Oerter begleiten: das freche, eigennützige, niederträchtige Betragen solcher feilen Buhldirnen müßte auf sein zartes, noch unverdorbenes Herz ganz gewiß einen unauslöschlichen Eindruck machen, den keine Verführung jemals auslöschen könnte.

v. Gröningseck. Sie können vielleicht Recht haben: — bey alle dem aber scheint mir die Kur verdammt scharf.

Magister. Um so viel sicherer ist sie auch. — — Alle andre Präservativmittel kann ein Glas Wein, ein ausschweifender Freund, ein unglücklicher Augenblick über einen Haufen werfen. — Und ganz sicher zu gehn, hab ich noch ein andres Recept im Hinterhalt.

v. Gröningseck. Nemlich?

Magister. Das erste beste Lazareth oder Siechhaus. — Den jungen Herrn, wenn er obige Scene gehörig verdaut, und selbst darüber nachgedacht hat, in diesen Wohnplatz des Jammers geführt, ihm die erbärmlichen, scheuslichen Folgen eines einzigen Fehltritts, einer einzigen Ausschweifung dieser Art anschauend vor Augen gestellt: — wen das nicht in Schranken zurückhält, der muß weder Kopf noch Herz haben.

v. Gröningseck. Sie werden warm, Herr Magister: und das gefällt mir: — ich haß alles, [36] was Phlegma heißt; — verzeihn sie, wenn mein erstes Betragen vorhin ihren Verdiensten nicht angemessen war: — Wir müssen uns mehr sprechen; schlagen sie ein! (Magister gibt ihm treuherzig die Hand, indem kommen Frau Humbrecht und Evchen.)

Fr. Humbrecht. Ey guck doch! — wie artig! schon so bekannt?

v. Gröningseck. Jetzt kenn ich ihren Herr Vetter: vorher nahm mich das Kleid wider ihn ein. — Guten Morgen, Mademoiselle Evchen!

Magister. Schon ausgeschlafen, Bäschen? (Evchen schlägt erröthend die Augen nieder, verneigt sich, und setzt sich hin zu arbeiten.) — So rothe Augen! haben sie geweint?

Fr. Humbrecht. Nicht doch! — er weiß ja wohl, Herr Vetter, wer selten reitet, dem — — sie ist halt das Aufbleiben nicht gewohnt und das ist alles.

v. Gröningseck. Es sollte mir wahrhaftig sehr leid thun, wenn ich — wenn der Ball —

Evchen (unterbricht ihn.) Sie sind sehr gütig, Herr Lieutenant.

Fr. Humbrecht. So sey doch nicht so mürrisch! ich weiß gar nicht, wie sie mir heut vorkommt; wenn ich nicht immer um sie gewesen wäre, wenn ich nicht wüßte, daß sie alles Liebs und Guts genossen hat, so sollt ich Wunder denken, was ihr vor ein Unglück widerfahren ist.

v. Gröningseck. Wenn ich etwas zu ihrer Beruhigung — Zerstreuung wollt ich sagen! bey= [37] tragen kann, Mademoiselle! — so solls mir eine Freude seyn.

Evchen (mit gezwungenem Lächeln.) Ich wills erwarten, Herr Lieutenant, ob sie Wort halten.

v. Gröningseck. Ganz gewiß! (sieht auf die Uhr) — Pardieu! kaum noch Zeit auf die Parade zu springen!

Magister. Ich begleite sie: — für heute scheint mir die Jungfer Baas doch nicht zur Musik gestimmt.

Evchen. Nein, heute nicht! — ich hab Kopfweh. (Lieutenant und Magister ab.)

Fr. Humbrecht. Ey Mädel! Mädel! ich bitt dich um Gottswillen, häng mir den Kopf nicht so — wenn dein Vater wiederkommt — du weist, wie er ist — und sieht dich so niedergeschlagen, so geht der Tanz wieder von vornen an.

Evchen. Sie hat gut reden, Mutter! — (mit einem tiefen Seufzer) — wär sie nicht eingeschlafen! — so —

Fr. Humbrecht. Fort! — was so?

Evchen. So wär sie vielleicht nicht muntrer als ich, oder ich so munter als sie.

Fr. Humbrecht. Kindskopf! das Bischen Schlaf wirds ihm wohl thun! — Du sagtest ja selbst, ich hätte nicht lang geschlafen? —

Evchen. Nein, nicht lang: und doch länger als —

Fr. Humbrecht. Bald werd ich wild: — soll [38] ich dir jedes Wort aus dem Hals heraushaspeln? — (ihr nachspottend) nein, nicht lang; und doch länger als — was denn als — —

Evchen. Ey nun, als ich! ists etwa nicht wahr?

Fr. Humbrecht. Dachte Wunder, was herauskommen würde! — Schau, Evchen! thus deiner Mutter zu gefallen, und mach kein finster Gesicht so: dein Vater hat sich so schon merken lassen, daß er glaubt, ich wär mehr meintwegen als deintwegen auf den Ball gegangen; findet er dich nun vollends so niedergeschlagen, so muß ich gewiß alles allein fressen. Nicht wahr, Evchen, du thust mirs zu lieb? wenns dir auch nicht drum ist.

Evchen. Ich will thun, was ich kann.

Fr. Humbrecht. Potztausend noch eins! — weist du nicht, wo meine Tobacksbüchs hingekommen ist?

Evchen. Nein! — die silberne mit vergoldeten Reifen?

Fr. Humbrecht. Die nemliche; — dein Vater gab mir sie noch in unserm Brautstand: — ich nähm nicht weiß was —

Evchen. Den Morgen hatte sie sie noch in der Hand, das sah ich.

Fr. Humbrecht. Ach Gott! — wenn ich sie verlohren hätte! — den Augenblick will ich gehn und noch einmal alles durchsuchen: find ich sie nicht, so laß ich sie gleich nach dem Essen ausrufen. — (lauft ab.)

[39] **Evchen.** Arme Mutter! jammert um eine Dose! — Wenn dies der größte Verlust wäre! — — Fataler Augenblick! unglücklicher Ball! — Wie tief bin ich gefallen! — Mir selbst zur Last! — Die Zöpf hätt ich mir beym Aufbinden herabreißen mögen, wenn ich mich nicht vor der Magd geschämt hätte. — Dürft ich nur niemanden ansehn, säh mir nur kein Mensch in die Augen! — — Wenn die Hofnung nicht wär — die einige Hofnung! — er schwur mirs zwey, dreymal! — Sey ruhig mein Herz! — — (erschrocken) Gott! ich hör meinen Vater; — jedes Wort von ihm wird mir ein Dolchstich seyn! — Wie er lärmt! Himmel! sollt er meinen Fehltritt schon entdeckt haben? (kehrt das Gesicht ängstlich von der Thüre weg, und verbirgts mit den Händen.)

Humbrecht (zu seiner Frau, die mit ihm hereinkommt.) Das Lumpengezeug! der verdammte Nickel! — Den Augenblick soll sie mir aus dem Haus: hasts gehört, Frau? den Augenblick! sag ich. Keinen Bissen kann ich in Ruhe fressen, so lang die Gurr noch unter einem Dach mit mir ist: — Wirsts ihr bald ankündigen oder nicht? wenn ichs ihr selbst sagen muß, so steh ich nicht dafür, daß ich sie nicht mit dem Kopf zuerst die Treppen hinunterschmeiß.

Evchen. Gott! das gilt mir!

Fr. Humbrecht. So sag mir doch erst — ich muß ihr doch auch eine Ursache sagen können — du hast ja doch die ganze Zeit über nichts über sie zu klagen gehabt.

[40] **Humbrecht.** Ursache? Die soll ich dir sagen? — Schäm dich ins Herz hinein so eine schlechte Hausmutter zu seyn, nicht bessere Ordnung zu halten! — weil sie ein Nickel ist, eine Hure! das ist die Ursache. —

Evchen (aufspringend.) Länger halt ichs nicht aus! (ihrem Vater, der sie noch nicht gesehn, plötzlich zu Füßen fallend) Vater! liebster Vater! Vergebung — (verstummt und läßt den Kopf zur Erde sinken.)

Fr. Humbrecht (ihr nach dem Arm greifend.) Ey Mädel! was ist dir? — träumst? — Steh doch auf! — Ich glaube gar, sie meynt, du wärst so böse auf sie —

Humbrecht. Der Narr — hat sie mich nicht erschreckt — vor mir da niederzufallen wie ein Sack: — steh auf! steh auf! — (hilft ihr in die Höh) — Die Grimassen kann ich nicht leiden, dies weißt du: — Ich hatte mir zwar freilich vorgenommen dich tüchtig auszufilzen, aber — es ist grad, als wenn ich kein Quentchen Gall mehr im Leib hätte — der Schrecken hat, glaub ich, alles verwischt. — Nu —! dankst mir nicht einmal für meine Nachsicht? — Diesmal sollst noch so durchschlupfen; — Wenns aber noch einmal geschieht, Blitz und Donner! nur noch einmal, so tret ich dir alle Ribben im Leib entzwey, daß dir der Lusten zum drittenmal vergehen soll.

Evchen. Ich schwörs ihm, Vater! hätt ichs noch zu thun, ich thäts gewiß nicht.

Humbrecht. Nicht? thätsts nicht? — so ge= [41] fällst du mir, Evchen! Das war brav: es reut dich also? — komm her, daß ich dich küße dafür — Was! du wirst roth, wenn dich dein Vater küßt! — solltst du wohl schon so verdorben — doch, ich vergaß, daß die Mamsell auf dem Ball war; — in Zukunft bleib hübsch zu Haus; der Ball wird doch Ball bleiben, ohne dich —

Evchen. Mamsell!

Fr. Humbrecht. So geh doch auch nicht so gar unbarmherzig mit ihr um — sieh, wie sie zittert —

Humbrecht (Evchen bey der Hand fassend.) Fiel dir das Wort auf, meine Tochter? das freut mich! — man muß nie mehr seyn wollen, als man ist. — Ja so, Frau! das nöthigst hätten wir bald verplaudert: daß du es denn nur weißt, wenn ichs dir doch erst sagen muß — die schöne Jungfer dahinten hat sich von einem Serjeanten eins anmessen lassen, die Mutter weiß drum und läßt alles so hingehen: die ganze Nachbarschaft hält sich drüber auf. — Jetzt marsch! und kündig ihnen das Logis auf: du weißt jetzt, warum? — Wollte eher den ganzen Hinterbau Zeitlebens leer stehn lassen, Ratten, Mäusen und Nachteulen Preiß geben, eh ich solch Lumpengesindel beherbergen wollt. — Meine eigne Tochter litt ich keine Stund mehr im Haus, wenn sie sich so weit vergieng. — (Fr. Humbrecht geht ab, er ruft ihr nach) Noch vor Sonnenuntergang sollen sie aufpacken, [42] sonst schmeiß ich alles zum Fenster hinaus, und sie beyde, alt und jung hinter drein! — (gelaßen zur Tochter) Du, laß den Tisch zurecht machen. (ab.)

Evchen. Seine eigne Tochter! — — in den paar Worten liegt mein ganzes Verdammungsurtheil! — Welch ein Schatz ist doch ein gutes Gewissen! — (sich im Abgehn vor die Brust schlagend) — Das verlohren — alles verlohren! — (ab.)

[43] ## Dritter Akt.

(Zimmer des Lieutenant von Gröningseck in Humbrechts Haus; daneben ein Kabinet: Lieutenant v. Hasenpoth steht vor dem Spiegel und pfeift; v. Gröningseck sitzt gedankenvoll in einem Lehnstuhl.)

v. **Hasenpoth** (geht vom Spiegel weg.) So schick doch alle die Grillen zum Henker, Gröningseck! Komm, das Wetter ist schön, laß ein Kapriolet hohlen, wir wollen an Wasserzoll fahren.

v. **Gröningseck.** Fahr allein! ich bin am liebsten zu Haus.

v. **Hasenpoth.** Immer und ewig zu Haus! — wie kannst dus nur ausdauren? — Den ganzen Sommer ist er noch vor

kein Thor gekommen, wenn er nicht mit der Kompagnie ge-
mußt hat. — So möcht ich auch leben, wie ein Kartheuser!
wahrhaftig! — zehnmal lieber eine Kugel vor den Kopf!

v. Gröningseck. Jeder nach seinem Geschmack.

v. Hasenpoth. Gut! aber das Kopfhängen war doch
sonst deine Gewohnheit nicht: — erst seit vier, fünf Monaten, seit dem letzten Karneval — gelt! ich hab Acht auf
dich gegeben? fiengst du dies Kapuziner-Leben an. — Und
warum? nur das möcht ich wissen — wenn ich nur [44]
eine Ursache säh! Bist du verliebt? Hast du das Heimweh?

v. Gröningseck. Das Heimweh! rappelt dirs?

v. Hasenpoth. Eins von beyden! — ists das nicht, so
muß es das erste seyn. — Und bennoch — wenn ichs beym
Lichten beseh — ists auch wieder nicht möglich — ich wüßte
nicht, in wen? — In der ganzen, lieben, langen Zeit,
glaub ich, hat er nicht drey Frauenzimmer gesprochen. Alle
vier Wochen einmal macht er Schandehalben dem Marschall
seine Aufwartung, und da steht er, so bald er seinen Kratz-
fuß gemacht hat, von Ferne wie der Nikodemus. — Ander-
wärts ist er gar nicht hinzubringen. — Wüßt ich nicht ganz
gewiß, daß du die Humbrechtin gehabt hast, so dächt ich —

v. Gröningseck (aufspringend.) Gehabt! ich? — wer
sagt das?

v. Hasenpoth. Sachte, mein lieber Gröningseck! sachte!
— Wir sprechen als Freunde und unter uns. — Siehst
mich doch nicht etwa für ein Kind an, das sich weiß machen
läßt, roth wäre grün?

v. Gröningseck. Hab ich dich nicht schon mehrmalen des
Gegentheils versichert?

v. Hasenpoth (lacht.) Ein schöner Beweiß! — Toll genung,
daß du mir, der ich doch die ganze Belagerung aus meinem
Kabinet dirigirt [45] habe, nicht einmal die Lieb anthun, und
deine Eroberung gestehn willst! —

v. Gröningseck. Ich hab nichts zu gestehen!

v. Hasenpoth. Dein Eifer zeugt für das Gegentheil;

und zudem — rein von der Leber wegzusprechen — wie kannst du mir zumuthen sie für eine Vestalin zu halten? gegen zwey Uhr schlicht ihr euch vom Ball, und nach fünf erst hört ich die Kutsche hier anfahren.

v. Gröningseck (sehr ernsthaft.) Von was anders: ich bitte!

v. Hasenpoth. Und das Schlafpülverchen, das ich dir zustellte! — wenn du keinen Gebrauch davon gemacht, warum kann ichs denn bis diese Stunde nicht wieder kriegen?

v. Gröningseck. Weil — weil ichs — verlegt — verlohren — zum Teufel geschmissen hab. — Kurz, Herr von Hasenpoth, kein Wort mehr, wenn wir Freunde bleiben sollen.

v. Hasenpoth. Ich glaube, du wärst wohl gar im Stand, eine Lanze für sie zu brechen, den Don Quischott für sie zu spielen?

v. Gröningseck. Möglich, mein Herr!

v. Hasenpoth. Doch mit mir nicht? beinem Landsmann? beinem compagnon de debauche? — — Hör mich an, Herr Bruder! ich hoffe doch nicht, daß du die Narrheit so weit getrieben, und dich würklich in das Mädchen verliebt hast; das wär ja, soll mich der Teufel zerreißen! wider allen esprit de corps. — Fast sollt ichs denken, [46] das Getreibs, das du die Zeit her mit dem Schwarzkittel, dem Vetter aus dem Haus, hast, bestärkt mich darinn. — Ist's aber? gut! so fehlts dir ja nicht an Mitteln ihrer bald satt zu werden — du wohnst ja unter einem Dache mit ihr — ober wenns hier nicht angeht, soll ich dir sonst wo Gelegenheit verschaffen, ich bin sinnreich —

v. Gröningseck. Wie der Satan! — das weiß ich.

v. Hasenpoth. Wenigstens hast du schon Proben davon. Du wärst bein Lebtag nicht auf den Einfall mit dem Pulver gerathen.

v. Gröningseck. Pulver und Pulver! das verfluchte Pulver! wollt, ich hätt es, dich, dies Haus, alles nie gesehn! wollt, es wär mir in der Tasche zu Gift geworden, und ich wäre daran krepirt, so bald ichs nur anrührte!

v. Hasenpoth. Was zum Kuckuck ist das vor eine Sprache! Kommt dich der Reuen an? — folglich hast du doch —

v. Gröningseck. Ja, ja! Teufel! ich hab; — hab deinen vermaledeyten Lehren gefolgt, aufs Haar gefolgt! — hab — wenn dus denn doch wissen willst — einen Engel entheiligt, mich mir selbst zum Scheusal gemacht.

v. Hasenpoth. Possen! Possen! Brüderchen! Kinderpossen! Pfaffengeschwätz! — Du hast deine Absicht erreicht, — nun gut! deß solltst du ja froh seyn. —

[47] **v. Gröningseck.** Wenns eins von den Alltagsgeschöpfen wäre, die, wenn wir sie nicht zu unserm Spielwerk brauchten, zu gar nichts nütze sind, ja! — Aber d a s ist sie nicht: du hättest sie sehn, hören sollen; in d e m Augenblick, dem kritischen Augenblick, der unmittelbar auf den Genuß folgt, in dem uns die größte Schönheit anekelt — da hättst du sie sehn sollen: — wie groß in ihrer Schwäche! — wie ganz Tugend, auch nachdem i c h sie mit dem Laster bekannt gemacht hatte! — und ich, wie klein! wie — o! ich mag gar nicht zurückdenken —

v. Hasenpoth. Können dich Grimaßen so weichherzig machen? — Du armer Tropf! —

v. Gröningseck. Grimaßen? — meynst, ich kann Grimaßen nicht von Wahrheit unterscheiden? — Bey den übertünchten Todtengräbern, den geschminkten, gefirnißten Puppen, die einen hier, wo man nur hinsieht, anstinken, da such Grimaßen, — aber nicht bey der simpeln Natur. —

v. Hasenpoth. Simpel oder nicht simpel! — ein Weibsbild ist halt ein Weibsbild! und die unerfahrenste gibt uns immer, was d e n Punkt anbetrifft, noch aufzurathen. — Ich hab wenig Frauenzimmer angetroffen, die nicht sehnlichst wünschten bestürmt zu werden, und noch die erste zu sehn, die nicht nach der Niederlage ein paar Krokodilsthränen geweint hätte. — Das ist schon in der Art so!

v. Gröningseck (mit verbißner Wuth.) Ausbund [48] aller Libertins! — Danks meinem bösen Gewissen, daß ich dir so gedultig zuhöre — das macht mich zur Memme, zum Poltron — und doch steh ich nicht dafür, daß ichs noch lang bleib: — bin ich nicht mehr ruhig genug aus Ueberlegung herzhaft zu seyn, so kann mich die Wuth tollkühn machen — verstehn sie mich? —

v. Hasenpoth. Besser wenigstens, als du mich — dafür steh ich! — ich sprach ja nur von den Frauenzimmern, die ich —

v. Gröningseck. Ha! von den leichten, deren funfzig auf der subtilsten Gewissenswaage kaum ein Loth aufwiegen! — Sie müssen aber wissen, Herr Lieutenant —

v. Hasenpoth. Sprechen wir ernsthaft, so kann das Sie wegbleiben: — es klingt mir so sonderbar. —

v. Gröningseck. Seys! — aber merk dirs Hasenpoth! — zum letztenmal Du, wenn du meine Erwartung täuschest — Einem vernünftigen Frauenzimmer kan, und soll zwar wenig daran gelegen seyn, ob du und deinesgleichen so oder anders von ihr denken; Euer Lob ist Brandmark und in Eurem Tadel ruht innre Selbstgröße — — aber mir liegt daran, daß du das Mädchen, dessen Namen du vorhin über deine ungewaschne Lippen gehn ließest — kein Wort! hör mich erst an — daß du es nicht länger verkennst: wiß also —

v. Hasenpoth. Es kommt wer!

v. Gröningseck. (sich umsehend.) Der Magister! [49] ich kenn ihn am Gang. — Daß du dich ja nichts verlauten läßest! — noch weiß Er, kein Mensch was darum. — (Magister kommt herein) Bravo! Herr Magister, das ist brav! sie gehn mich doch nicht vorbey, wenn sie ihre Verwandten besuchen.

Magister. Gewiß nicht, das wissen sie schon. Wenn ich sie ein paar Tage nicht gesehn habe, so mehn ich, es fehlt mir was.

v. Gröningseck (drückt ihm die Hand.) Ich lieb sie darum. Wie stehts unten?

Magister. Das fragen sie mich, und wohnen im Hauß?

v. Hasenpoth. Das war recht! — Sich nach seinen

3*

eignen Hausleuten bey Fremden zu erkundigen, das geht in Paris oder London schon an — aber hier! — Wenn der Herr Lieutenant keine Nachteule so wäre, und nicht alle Lebensart beyseit setzte, so guckte er selbst nach — und —

v. Gröningseck. Und! — wenn ich nun meine Ursachen habe? — Ja, Magister! sie frag ich, weil sie als Vetter schon eher einen vertrauten Zutritt haben. — So gut mein Hauswirth im Grund auch seyn mag, so taugen wir doch nicht für einander: — Er hat seine besondre Grillen, das wissen sie selbst; und ich bin auch hitzig vor der Stirn: — das möcht in die Länge nicht gut thun.

Magister. So warten sie die Zeit ab, da er nicht zu Haus ist; — meine Baasen —

v. Gröningseck. Sind mir werth und lieb, [50] Herr Magister! Evchen besonders, aber eben deswegen mag ichs ihnen nicht zum Tort thun: — ich kann seit dem Karneval etwa vier, fünfmal drunten gewesen seyn, zum Unglück war Er ein paarmal nicht da — puh! gab das ein Feuer!

Magister (lacht.) Ganz gewiß kann ers ihnen noch nicht verzeihen, daß sie ihm seine Damen auf den Ball verführt haben. So wie er mir —

v. Gröningseck. Haben sie ihr Bäschen gesehen?

Magister. Schon vierzehn ganzer Tage nicht, glaub ich. Beständig sitzt sie in ihrem Zimmer, die Melancholie frißt sie noch auf; ich kann gar nicht klug aus ihr werden; Bitten und Beten, alles ist bey ihr umsonst! — das macht ihren Vater eben noch unduldsamer! —

v. Gröningseck. Gerechter Gott! — ich! — ich! —

Magister. Nehm Antheil daran, wollen sie sagen? — ich bins von ihrem gefühlvollen Herzen überzeugt.

v. Gröningseck. Das wars, Herr Magister! ja! — sie nahmen mirs aus dem Mund weg: — Gefühlvoll! ja! das ist mein Herz, — so voll! —

v. Hasenpoth (der die Zeit über gepfiffen, zum v. Gröningseck von der Seite.) Daß du dich gleich selbst verschnappen wirst. — (zum Magister) Hat sie den Anfall schon lang?

Magister. So genau läßt sich die Zeit nicht bestimmen; — er kam nach Graben, wird aber [51] leider täglich ärger. Youngs Nachtgedanken in der französischen Uebersetzung sind jetzt ihr Lieblingsbuch.

v. Hasenpoth. Da sey ihr Gott gnädig! — Wenn ich ein einiges Blatt drinn lesen müßte, so wär ich kapable den Engländer zu machen, und mich an mein Knieband zu hängen.

v. Gröningseck (spöttisch.) Du! — aber, lieber Magister! so viel schönes auch Young für eine heitre, ruhige, mit sich und allem, was rund um sie her athmet, zufriedne Seele haben mag, so wenig — das fühlen sie besser als ich — schickt sich doch diese Lektür für ein misvergnügtes, abgespantes, erschlaftes Herz, ohne welches keine Melancholie statt haben kann: — sollten sie denn nicht als Freund —

Magister. Es ihr wegnehmen? — Ich thats schon, weil ich hierinn grad wie sie denke: sie winselte uns aber so lange die Ohren voll, wollte vor Gram und Langerweile den Geist aufgeben — kurz ich war froh, und legte es wieder hin.

v. Gröningseck. Gott! Gott! — ist denn kein Weg! — sie dauert mich von Grund der Seelen, das gute Kind! — wie, wenn? — ja! was wirds nutzen? — auf die Zeit kommt das meiste an. — Doch — es wär zu probiren! — wenigstens ists eine Höflichkeit, die ihr nicht mißfallen kann, wenn sie auch weiter nichts hilft. — — So bald sie sie wieder allein sehn, Magister, wollen sie? — so sagen sie ihr von meintwegen, ich nähm sehr viel An= [52] theil an ihrem Wohlseyn, hätte mich sehr darnach erkundigt, — bey ihnen erkundigt, und wünschte sie je eher je lieber wieder heiter und munter zu wissen: — auf mich dürfte sie — (stokt) nun ja, es sieht freilich einem leeren Kompliment gleich; es geht aber warlich von Herzen — auf mich dürfte sie, wenn ich jetzt oder mit der Zeit etwas zu ihren Diensten — ja Diensten! thun könnte, vollkommen zählen: sagen sie ihr das, wollen sie, lieber Magister? Wort für Wort! lieber was mehr, als was weniger.

Magister. Sehr gern, Herr Lieutenant! — ich dank ihnen für den Antheil: aber bald sollten sie mich —

v. Hasenpoth. Auf sonderbare Gedanken bringen? — nicht doch, Herr Magister! sie thäten ihm Unrecht: sein Herz ist kälter als Eiß, und doch so weichherzig, wenn er jemand leiden sieht, oder nur von ihm hört, daß ich noch diese Stunde nicht weiß, wie er sich konnte einkommen lassen, Soldat zu werden. — Ist vollends von einem Frauenzimmer die Rede —

v. Gröningseck. Potz Geck und kein End! — Vergessen sies ja nicht, Magister! es ist doch Höflichkeits wegen, wenns auch sonst nichts —

Major Lindsthal (kommt herein.) Urlaub! Urlaub! Herr von Gröningseck! — ihr Urlaub ist eingeloffen, hier bring ich ihn.

v. Hasenpoth. Urlaub! hast du um Urlaub angehalten?

Magister. Sie wollen uns also verlaßen?

v. Gröningseck. Doppeltwillkommen, Herr Major! (zum Magister) Nur auf kurze Zeit will ich nach Haus reisen.

v. Hasenpoth. Wenn hast du denn drum geschrieben? zum Teufel! — Urlaub! und ich weiß kein Wort von.

v. Gröningseck. Ein großes Verbrechen, wahrhaftig! Bey der Generalrevue bat ich den Inspektor selbst drum.

Major. Und ich schrieb auch noch an den Minister, und kan ohne mir was zu schmeicheln sagen, daß ich den Congé wohl unterschrieben würklich in der Tasche hab. Preuve de cela! hier ist er! — (giebt ihn dem von Gröningseck.)

v. Gröningseck. Dank ihnen für den Freundschafftsdienst —

Major. Wenns ein Freundschafftsdienst ist, wie ich wünsche, und wenn sies dafür annehmen, so brauchts keines Dankens; — man dankt für ein Almosen.

v. Gröningseck. Ihre doppelte Güte beschämt —

Major. Paperla, paperla, pap; wieder ein andres dummes Wort, das ich mein Lebtag nicht leiden konnt: Beschämen! — Ein hundsfütttischer Laffe, dem mans ins Gesicht sagt, daß er ein Hundsfutt ist, der wird beschämt, kein ehrlicher Mann.

Magister (heimlich zum von Hasenpoth.) Ein sonderbarer Mann! seine Laune gefällt mir.

[54] **v. Hasenpoth.** Der beste und der tollste Kopf im ganzen Regiment; wie sie wollen.

Major. Gewöhnen sie sich dergleichen abgeschmackte Wörter ab, meine Herren! noch wird sies wenig Müh kosten, — ist aber ein falscher Handgriff einmal erst eingewurzelt, so hat man des Henkers Arbeit ihn wieder aus den Knochen zu bringen. — Apropos! heut hab ich einen Hauptspaß erlebt; — in der Auberge, wo ich speise: ich nähm, hohl mich der Teufel! nicht viel Geld, daß ich ihn nicht selbst mit angesehn hätte; — vielleicht wissen sie schon drum, meine Herren? — (v. Gröningseck und v. Hasenpoth sehn einander an, und schütteln die Köpfe.) — Nicht? das wundert mich; so was lauft doch sonst wie ein Lauffeuer von Mund zu Mund: — Desto besser! so erfahren sie doch die lautre, reine Wahrheit, denn ich hab den ganzen Spuck selbst mit angesehn, und soll mich der Teufel lebendig zerreißen, eh ich ein Wort dazu setz oder davon thu. — — Gestern Nachmittags, wie ich auf dem Spiegel mein Gläschen Liqueur trank, um die Verdauung zu befördern, sah ich am Fenster, das in den Hof geht, zween Officier, den einen von Liounnois, den andern von Anhalt, eine Parthie Piket miteinander spielen: — es gieng haarscharf! das kann ich ihnen versichern; zu drey Livres die Parthie und alle honneurs bezahlt; ich setzte mich, da es mein Leibspiel ist, hinter den letztern, der schon grimmig im Verlust war, und sah dem Ding ein Weilchen so zu; — mein [55] Lebtag hab ich nicht mit so viel Unglück spielen sehn, allen Augenblick war er gesechszigt, oder gemeunzigt, da war vor Gott Gnade! — seine Thälerchen flogen, sapperment! daß es nur eine Lust war. — Indem kommt der Lieutenant

Wallroth von Salis, stellt sich hinter den andern gegen mir über, sieht so ein drey, vier Spiel mit an, wird einmal roth, einmal blaß im Gesicht; ich dacht, er wär moitié mit meinem Mann, und der Verlust ärgerte ihn: — auf einmal, Gott weiß, wie er das Ding so gleich weg hatte! auf einmal that er eine so furiose Attaque auf den Gelbhaufen, der vor ihm lag, schob alles groß und klein dem von Anhalt zu, und sagte: „Härr, dies Geld ischt oier! 's goht hie nit „bieder zu; ihr syb der Dup vom Spiel: drymol hinteren= „onber hot sich der Härr do die Aß in Talon gemischt: „ha'ns selbst mit angesehn„ — Noch hat er nicht ausgeredt, hören sie nur! hören sie nur, so gab ihm der von Lionnois eine so derbe Maulschelle, daß der ganze Saal davon erscholl. Sie wollten zugleich nach den Degen greifen, aber daran wurden sie vom Osterried und seinen Markörs verhindert. — Wir standen alle wie vom Donner gerührt da. — Der Chevalier de fortune skisirte sich endlich, ohne daß wirs gewahr wurden, und ein Weilchen drauf gieng der ehrliche Schwitzer auch fort. — Glückliche retour! dacht ich so bey mir selbst, da wird gewiß einer auf den Arsch gesetzt. — Aber pardieu, nein! Wallroth gieng zum Kommendanten, zeigte den ganzen [56] Verlauf an, und so mußte der andre noch in der nemlichen Stunde ins Pontcouvert wandern. — Cassirt und mit Schand und Spott vom Regiment gejagt, ists wenigste, was ihm wiederfahren wird.

v. Gröningseck. Die Kanaille verdients auch! — und Wallroth —

Major. Wird bongré malgré auch quittiren müssen.

Magister. Wie so, Herr Major? hat er nicht als ein braver Mann gehandelt?

Major. Brav und nicht brav! das verstehn sie nicht. Als ein recht braver Kerl hätt er nicht zum Kommendanten laufen, sondern seinem Mann das Weiße im Aug selbst weisen sollen. — Damit ichs nun aussage; heut Mittag kam Wallroth, wie wir schon unsrer dreyzehn oder vierzehn an Tisch saßen, wie gewöhnlich auch in die Auberge; so wie er ins Zimmer trat, kehrt ihm sein Nachbar den Teller um: Er, als ob ers nicht verstünde, setzt sich hin, und stellt ihn wieder zurecht. — Nun stand, grad als wenn sie sich alle das Wort gegeben hätten, einer nach dem andern auf und gieng zum Tempel hinaus: endlich packt ich mich auch fort, und — da hätten sie die Fratze sehn sollen, die er machte: gemahlt möcht ich sie haben! — Da könnte man sehn, wie dumm es läßt, wenn man beschämt ist. —

v. Gröningseck. Der arme Teufel dauert mich.

[57] *Major.* Mich auch, aber! — sehn sie nun ein, mein Herr! warum er wird quittiren müssen? vorher hätt ers nur mit Einem zu thun gehabt, jetzt hat er ihrer vierzehn auf dem Hals, muß sich, wenn er bleiben will, mit allen herumpaucken. —

v. Hasenpoth. Natürlich! denn sie haben ihn alle beleidigt.

Magister. Aber — die Duelle sind ja verboten!

Major. Verboten? — Pah! das Verbot gilt uns nicht! — gilt keinem Kriegsmann!

Magister. Sie erlauben, Herr Major! sind sie nicht auch Bürger des Staats, Unterthanen des Königs, so gut wie andre? und schwören nicht unsre Könige bey der Krönung keinem Duellanten, ohne Ausnahm Pardon zu geben?

Major. Das mag alles seyn, Herr Magister! mag ganz wahr seyn! — ich hab auch das gute Zutraun zu jedem rechtschaffnen Officier, daß er sich nicht in der Absicht schlagen wird, den König wider den Kopf zu stoßen, oder seine Befehle zu übertreten: — will man sich aber nicht von jedem Holunken auf der Nase tanzen lassen, will man sich nicht in Gesellschafften, bey Tisch und im Dienst täglichen Beschimpfungen aussetzen, wie wir das Exempel heut an Wallroth haben, so —

Magister. Muß man gesetzbrüchig werden?

v. Gröningseck. Nicht anders, mein lieber Magister! das wundert sie? es gieng mir einst wie [58] ihnen. — Wir andren Epaulettes haben, sobald wir mit Recht ober Unrecht beleidigt werden, nur zwey Wege: entweder müssen wir unser Leben, oder unsre Ehre in die Schanz schlagen.

Magister. Das ist ja aber ein Widerspruch: wie! um nicht für ehrlos gehalten zu werden, muß sich ein rechtschaffner Mann der Gefahr aussetzen, seinen Kopf auf dem Schavott dem Scharfrichter hinzustrecken: — unerhört!

Major. Gar nicht unerhört! gar nicht! lieber das Leben als die Ehre verlohren. — Das Schavott macht nicht unehrlich, sondern das Verbrechen, und ein Verbrechen, wozu man gezwungen wird, ist kein Verbrechen mehr. — Wenn ich in Wallroths Haut stäcke, so schlüg ich mich, eh ich das auf mir sitzen ließ, lieber mit der ganzen Garnison herum; mit einem nach dem andern versteht sich. — Und wenn er heut noch Satisfaction von mir fordert, so soll er sie heut noch haben, wenn tausend Schavott und tausend Galgen daneben stünden. — — Wenn sie, Herr Magister, alle Widersprüche heben, alles krumme grad machen können, so thun sies! — ich will sie loben drum. A l'honneur, meine Herren! — Eh sie reisen, Gröningseck, seh ich sie doch noch?

v. Gröningseck. Wie billig.

Major (im Fortgehn.) Ohne Abschied also! (ab, Gröningseck begleitet ihn bis an die Thüre.)

Magister. Der Herr Major spricht —

v. Hasenpoth. Wie es einem Soldaten zukommt, und Sie, wie ein Mann von ihrem Stand sprechen muß: beyde können in ihrer Art Recht haben.

v. Gröningseck (kommt zurück.) Ja, mein lieber Magister! so ists! — sie wissen nicht, wie sauer es unser einem oft wird ein ehrlicher Mann zu bleiben! wie vorsichtig, bedächtig wir jeden Schritt abmessen müssen! — Aber — (im schmeichlenden Ton) sie haben doch über dem gelehrten Streit meinen Auftrag nicht vergessen?

Magister. Gewiß nicht! — ihnen allen Zweifel desfalls zu benehmen, will ich gehn und sogleich Gelegenheit suchen mein Bäschen zu sprechen.

v. Gröningseck. Thun sies; sie verbinden mich unendlich. Zudem glaub ich ein Recht zu haben diese Gefälligkeit von ihnen fordern zu können; ich fühl, daß ich das nemliche für sie thun würde. (drückt dem Magister, der abgeht, die Hand.)

v. Hasenpoth. Tausendsakerment! Gröningseck! hast du dich nicht ein paarmal so dumm angestellt, daß man dein ganzes Geheimniß dir in den Augen lesen konnte. Wäre der Magister nur einen Grad mistrauischer —

v. Gröningseck. O dafür scheint er mir zu gutherzig!

v. Hasenpoth. Und den Auftrag, den du ihm da gegeben!

v. Gröningseck. Hab ich sehr zweydeutig eingerichtet: — mit vieler Müh, ich gesteh es. — Richtet er ihn aber so aus, wie ich ihn ihm gab, [60] so kann er doch seine gute Würkung haben. Evchen wird jedes Wort verstehn, und vielleicht beruhigt sie das, wenigstens zum Theil. Da ich keinen sichren Weg weiß ihr einen Brief zuzubringen —

v. Hasenpoth. Du hast ihr also noch nie geschrieben?

v. Gröningseck. Nein! — da ich sie, seit dem ich im Haus bin, noch nicht einen Augenblick ohne Zeugen gesprochen habe, so mußt ichs auf diese Art angreifen.

v. Hasenpoth. So sag mir denn nur, was du eigentlich mit ihr vorhast? soviel ich muthmaße, hat ihre Melancholie physische Ursachen zum Grund.

v. Gröningseck. Das hat sie, ja! — sie ist schwanger. — Ich hab schon zuviel gestanden, um dieses läugnen zu können. — Ueberdies taugt eine halbe confidence ihr Lebtag nichts. — Aber eben, weil sie es ist, von mir fühlst du, was das heißt? — von mir es ist, so könntest du, dächt ich, eben so gewiß auch muthmaßen, was ich mit ihr vorhab; was ich thun werde, thun muß. Ich werde sie heyrathen.

v. Hasenpoth. Du?

v. Gröningseck. Ich! — Das ist wohl der geringste Ersatz, den ich ihr geben kann.

v. Hasenpoth. Der Lieutenant von Gröningseck die Humbrechtin! — Unmöglich!

[61] **v. Gröningseck.** Warum? wenn ich's wissen darf! warum? wie so unmöglich?

v. Hasenpoth. Fürs erste als Lieutenant —

v. Gröningseck. Ich kann ja quittiren, wo steckt hernach die Unmöglichkeit? — Sie als Frau zu erhalten, das soll mir nicht schwer werden: ich hab vieles verschleudert, aber auch noch manches gerettet. — Den Rest meines Vermögens selbst zu übernehmen, dies ist die Absicht, in welcher ich um Urlaub anhielt; ich bin jetzt majorenn und kann jeden Augenblick eintreten. — So bald dies in Ordnung ist, komm ich wieder zurück, und bitt mir Evchen vom Alten aus. Wenn ich den blauen Rock auszieh, ist sie die Meine, das weiß ich.

v. Hasenpoth. Du willst also allem entsagen? —

v. Gröningseck. Allem, allem! — eh ich die Höllenpein mit mir herumschleppen wollt! — Aber noch eins! — merk dir's, Lieutenant, merk dir's! sag ich. — (nimmt ihn bey der Hand) Du bist der Einzige, dem ich mein Herz geöfnet habe; noch ist kein Wort von alle dem, was du gehört hast, über meine Lippen gekommen. — Deine Anschläge haben mich in diesen Abgrund gestürzt — dieß ist kein Vorwurf, den ich dir mache, du verkantest den Engel, ich auch! und doch hätt ich ihn besser kennen sollen, ich! ich allein! du nicht! — — jetzt mußt du mir auch behülflich seyn mich wieder herauszuwinden. — Ich glaube deiner Tugend nicht zuviel zuzutraun; — wärs aber! betrög ich mich [62] in meiner Meinung! kommt nur ein Gedanke, nur ein Schatten von dem, was ich hier in dein Herz legte, vor der Zeit ans Tageslicht! — Hasenpoth! — (läßt ihm die Hand gehn, und bebt zurück) — so fährst du oder ich dem Teufel in Rachen. — Jetzt laß mich! — ich muß mich verschnaufen, und Anstalt zur Reise machen. — Wir sprechen uns noch. (ab ins Kabinet.)

v. Hasenpoth. Wenn du mit all deinen überspannten Begriffen von Tugend sie zur Frau kriegst, so soll mich der Teufel, vier und zwanzigmal auf und ab durch die ganze

Armee seiner dienstbaren Geister, Spißruthen laufen lassen! —
Nein, Herr von Gröningseck! ich muß erst Nachlese halten.
— (im Abgehn) Die Karten will ich schon darnach mischen,
— besser als der Dummkopf auf dem Spiegel! — wart
nur! (ganz ab.)

Vierter Akt.

(Evchens Schlafzimmer; rechter Hand der Bühne ist die Thür,
gegenüber sind Fenster, die auf die Straße gehn. Fr. Humbrecht
macht eben, wie der Vorhang aufgezogen wird, das Fenster zu:
Evchen liest.)

Fr. Humbrecht. Noch seh und hör ich nichts von ihm.

Evchen. Heut wird er schwerlich mehr kommen, Mutter!
geh sie lieber ins Bett! Die Thore sind ja schon längst zu.

Fr. Humbrecht. Wer weiß, kommt er nicht zum Juden=
thor herein? es hat ja noch nicht eilf geschlagen.

Evchen (seufzend.) Daran dacht ich nicht.

Fr. Humbrecht. Schon wieder ein Seufzer! — hast du
mir nicht so eben versprochen, das ewige Geächz und Ge=
trächz zu unterlassen? bist mir ein rechter Mann von Parole!

Evchen. O wenn ich ein Mann wäre!

Fr. Humbrecht. Was wärs?

Evchen. Noch heute macht ich mich auf den Weg nach
Amerika, und hälf für die Freyheit streiten.

Fr. Humbrecht. Und ließest Vater und Mutter allein
hier sitzen? Pfui Evchen! aber ich weiß schon, wo es steckt,
du liebst uns halt nicht mehr.

Evchen. Wie kan sie das denken, Mutter!

Fr. Humbrecht. Wie? — weil du kein Zutrauen mehr
zu deinen Eltern hast, wo das nicht ist, ist auch keine Liebe.

Evchen (gerührt.) Mutter!

Fr. Humbrecht. Nicht anders: es thut mir leid, daß ich dirs sagen muß; — sonst, wenn dir nur ein Finger weh that, kamst du zu mir geloffen es mir zu klagen; — jetzt, verzeih dirs der liebe Gott, geht dir allemal eine Gänshaut aus, wenn du eins von uns beyden erblickst.

Evchen. Gewiß nicht! — sie thut mir das gröste Unrecht von der Welt, Mutter! wenn sie das sagt: ich lieb sie noch immer eben so stark — aber —

Fr. Humbrecht. Nun? —

Evchen (schüchtern.) Aber — es giebt Sachen, die man niemand entdecken kan.

Fr. Humbrecht. Warum nicht?

Evchen. Weil sie noch nicht reif sind; weil man sie sich selbst nicht so gestehn mag oder kann.

Fr. Humbrecht. Lauter Räzel! — wenn dein Vater wieder so eine Antwort hörte, fuchswild würd er darüber: — Du weißt, er kann das hinter dem Berg halten nicht ausstehn! ich auch nicht. Gestern, eh er zu Pferd stieg, glaubt ich, er wollte rasend werden; da er dich so recht vertraut auf seinen Schoos setzte, dir die besten Wort gab, dich herzte und drückte —

[65] **Evchen.** Und auf einmal von sich stieß, daß ich bis ans Bett dort taumelte —

Fr. Humbrecht. Da war dein Starrkopf schuld dran; und doch thats ihm gleich wieder leid, das konnt ich ihm an den Augen ansehn. — Noch an der Trepp aber hat er sich heilig vermessen, wenn er zurück käm, und du den Kopf noch so hiengst, und ihm die Ursache nicht gestehn würdest, so wollt er dich nicht mehr für sein Kind erkennen. Länger, sagte er, will ich mich nicht von ihren Kaprissen, wie ein Kalb am Seil, herumzerren lassen.

Evchen. So wahr Gott lebt! Mutter! es ist keine Kaprisse; wollt, es wär! — Soll ich aber die Wahrheit gestehn, Mutter, so hat der Ungestüm, mit dem sie mir die Ursache meines Kummers, die ich mir selbst noch nicht gestehn mag,

bald in den Augen lesen, bald mit Drohen, bald mit Lieb=
kosen herauspressen wollten, sehr viel dazu beygetragen, meine
Melancholie oder Kopfhängerey, wie sies nennt, zu vermehren.
Es ist von ihrer Seit gut gemeint, das weiß ich, das fühl
ich, und leide doppelt drunter, weil ich ihnen jetzt wenigstens
keinen Dank für diese Zärtlichkeit geben kann. — Probier
sies einmal, Mutter! laß sie mich ein Weilchen in meiner
Träumerey so hinschlendern, thu sie, als bemerkte sies gar
nicht, überlaß sie mich mir selbst, bered sie den Vater es
auch zu thun; nur auf ein Weilchen! vielleicht hebt sich alles
— es muß sich heben, und dann bin ich wieder ganz ihre
Tochter, oder —

Fr. Humbrecht. Oder? —

Evchen. Ein Kind des Tods.

Fr. Humbrecht. Wieder ein neuer Stich ins Herz! —
O Evchen! Evchen! Du wirst uns noch ins Grab bringen. —

Evchen. Nicht doch, Mutter! nicht doch! euch nicht! mich
eher, wenn ihr mir nicht Ruh laßt. Probierts nur, wie ich
gesagt habe, ich bitt euch darum: es wird noch alles gut
werden. — (fällt ihr um den Hals) Hier an ihrem Hals
hängend beschwör ich sie, versperrt eurer Tochter den einigen
Weg nicht, auf dem sie sich noch retten kann.

Fr. Humbrecht (wickelt sich los.) Dein Vater! — ich
hör ihn.

Evchen. Sie verspricht mir doch —

Fr. Humbrecht (nimmt ein Licht vom Tisch, ihm entgegen zu
gehn.) Was kann ich halt machen! ich muß wohl.

Humbrecht (kommt gestiefelt und gespornt.) Was zum Henker
sitzt du denn da oben, Frau! und läßt das Haus drunten
leer stehn?

Fr. Humbrecht. Den Augenblick gieng ich herauf zu sehn,
was sie macht.

Humbrecht. Allerliebst! wenn die Mutter der Tochter
entgegen gehn muß: hat sie nicht eben so nah zu dir? —

Wie das wieder da steht, als wenn ihm Gott nicht gnädig wär! — Dem Vater nicht einmal guten Abend zu sagen!

Evchen (schüchtern.) Guten Abend, Vater!

[67] **Humbrecht** (spottend im nemlichen Ton.) Guten Abend, meine Jungfer Tochter!

Fr. Humbrecht. Du fährst sie aber auch immer so an; — kein Wunder, wenn sie sich vor dir fürchtet.

Humbrecht. Fürchtet! vor mir! — Tausend Element! bin ich nicht ihr Vater! he, Evchen, bin ichs nicht? soll ich etwa, wenn ich mit meinem Kind rede, jedes Wort auf die Goldwaage legen? — Das gieng mir, hohl mich der Kuckuck, noch ab!

Fr. Humbrecht. Närrchen! wer sagt denn das? — nur dein Ton —

Humbrecht. Mein Ton, mein Ton! ist freilich keiner von den zuckersüßen, mit Butter geschmierten, in dem unsre glattzüngichte Herren ihre Komplimenten herkrähen; — meine Tochter, dächt ich aber, hätt in siebzehn, achtzehn Jahren ihn schon gewöhnen können! — Ich bin doch auch, bey meiner Seelen Seeligkeit, kein Menschenfresser nicht! — Komm her, Evchen, komm! — bist ein guts Mädchen gewesen, hast deiner Mutter gebeichtet? gelt! du hast?

Evchen (verwirrt.) Liebster Vater!

Fr. Humbrecht. Ja ja! sie hat; laß sie nur zufrieden jetzt, sollst alles hören.

Humbrecht. Das ist brav! Das ist recht! — (küßt sie) jetzt bist du mir wieder doppelt lieb. — Wars denn aber auch der Müh werth, den Kopf so zu hängen?

Fr. Humbrecht. Du wirsts schon hören, sag ich.

[68] **Humbrecht.** Fast sollt ich bös werden, daß du mir die Gunst nicht angethan hast; gestern erst, meynt ich, ich müßt dirs heraus hexen. — Da war aber mein Ton wohl schuld dran. — Wirst also wieder hübsch munter seyn, Evchen?

Evchen. So viel mir möglich.

Humbrecht. Wieder in Gesellschaften, in die Kirch gehn? nicht immer in deinem Stall sitzen? —

Fr. Humbrecht. Puh! was Fragen! das wird sich schon finden: eins nach dem andern. — Jetzt ists Zeit schlafen zu gehn, es schlägt gleich zwölf. — Komm Alter! (zieht ihn am Ermel fort) Gut Nacht, Evchen!

Humbrecht. Busoir, Busoir! — heut will ich dir einen Stiefel wegschnarchen, Frau! — (macht sich los, kehrt um, und nimmt Evchen bey der Hand) verzeih dir der liebe Gott alle die schlaflosen Nächte, die du uns eine Zeit her gemacht hast. — Schau! ich weiß, er hat alle meine Seufzer, alle Thränen deiner Mutter gezählt; mög er dir keine aufrechnen, mein Kind! — keine! — sonst müßten sie aufs neu fließen. — (Evchen fällt ihm weinend um den Hals, und küßt ihn) Jetzt schlaff wohl! (ab.)

Evchen (ihm nachsehend.) Armer Mann! guter, unglücklicher Vater! — (tiefseufzend) ich fürcht, ich fürcht, die schlaflosesten Nächte hast du noch zu erwarten! — Sein Zorn ist mir fürchterlich, aber, Gott weiß es, seine Liebe noch mehr! — — (setzt sich hin, und ließt eine Zeit lang.) — Umsonst! [69] es thuts nicht — ich les und lese, und wenn ich das Blatt umschlag, weiß ich kein Wort mehr von allem, was drauf steht. — (legt das Buch hin, geht sehr bewegt, ein paarmal auf und ab.) — Gröningseck! Gröningseck! was hast du nicht zu verantworten! —

v. Gröningseck (der mittlerweil ganz angezogen, doch ohne Hut und Degen, zur Thür hereinschlich, stellt sein Licht auf den Tisch, und stürzt ihr plötzlich zu Füßen.) Das weiß ich, Liebste, Theuerste! wills verantworten, will alles gut machen. —

Evchen (bebt zurück.) Wie! sie erkühnen sich — um Mitternacht — was wollen sie? was ist ihre Absicht?

v. Gröningseck. Die reinste, tugendhafteste, die je ein Mann gehabt hat. Ihnen ihre Ruhe wieder zu geben —

Evchen. Können sie das? können sie geschehne Sachen ungeschehn machen? — oder wollen sie sich zum Gott lügen, und mich noch einmal täuschen?

v. Gröningseck. Das nicht, Evchen! wahrhaftig nicht! — Das letzte mag ich nicht, das erste kann ich nicht — und doch wollt ich, ich könnts! mit meinem Blut wollt ich ihn wiederkaufen, den unglücklichen Augenblick, da ich im Taumel —

Evchen. Er ist mir tief genug in die Seele gebrennt, sie brauchen mich nicht noch selbst daran zu erinnern; — oder — sind sie Satans genug, Verführer und Kläger zugleich zu seyn? —

v. Gröningseck (springt auf.) Ums Himmels willen, für welch ein scheusliches Ungeheuer halten sie mich! — Ich kam hieher —

Evchen. Zu einer Zeit, in einer Stunde, in der sie nicht gekommen wären, wenn sie nur die geringste Hochachtung noch für mich hätten.

v. Gröningseck. Verzeihn sie! Evchen! ich schwör ihnen das Gegentheil: da ich ihre Delikatesse kenne und billige, so stand ich lang an, eh ich mich zu diesem unzeitigen Besuch entschließen konnte: es mußte aber gewagt seyn! — ich war ihnen und mir es schuldig, sie nochmals allein zu sprechen, eh ich nach Haus reise.

Evchen. Sie verreisen?

v. Gröningseck. So bald als möglich, um noch zu rechter Zeit wiederkommen, und ihnen meine Hand anbieten zu können.

Evchen. Ist das ihr Ernst, Gröningseck? spricht ihr Herz so? mich deucht, sie schwuren mirs schon ehmals.

v. Gröningseck. Und wiederhohls hier aufs feyerlichste. — Ihrer beleidigten Tugend alle mir mögliche Genugthuung zu geben, war, so bald ich fand, daß sie das nicht waren, für das ich sie in meinem Leichtsinn versehn hatte, meine erste Empfindung, und wird auch da noch, wenn alle andren

Empfindungen mit Blut und Athem stocken, meine letzte seyn.
— Möchte sie dieses Versprechen doch in etwas beruhigen!
Ich hab nur ein Wort. — Aber, du Evchen — hast mir
nicht Wort gehalten.

[71] **Evchen.** Wie so!

v. Gröningseck. Versprachst du mir nicht, dir Gewalt
anzuthun — dir nichts merken zu lassen! —

Evchen. Es ist wahr, ich versprach, mir alle Mühe des=
falls zu geben; thats auch, und

v. Gröningseck. Und doch kam ich niemals ins Zimmer,
daß du nicht bis in die Augen roth geworden wärst! —
Wars Zorn, Verachtung, Abscheu?

Evchen. Das wars nicht, Gröningseck! ich liebte sie, so
wie ich sie kennen lernte, jetzt kann ichs ihnen sagen —
sonst hätten sie mich nicht so schwach gefunden, — und kann
sie auch noch nicht hassen, wenn ich auch nie die Hofnung
hätte, die Ihrige zu werden: — aber den Gewissenswurm,
der mir am Herzen nagt, zu ersticken, hab ich noch nicht ge=
lernt! — wenn ichs könnte, würde ich doppelt vor mir
erröthen.

v. Gröningseck. Göttliches Mädchen! (ergreift ihre Hand,
und führt sie dem Mund zu.)

Evchen (zieht sie schnell zurück.) Ich dachte, sie hätten nur
ein Wort! — ists Vergessenheit? —

v. Gröningseck. Vergessenheit! Ergießung der Seelen!
wie dus nennen willst — Kurz, ich kann nicht, ich muß
den Schwur meiner ewigen Treue mit einem Handkuß ver=
siegeln. (will ihre Hand mit Gewalt küssen, sie stößt ihn von sich.)

Evchen. Nein, Herr Lieutenant! — Sollten sie es auch für
Ziererey halten: ein Handkuß ist [72] nichts, das weiß ich,
und dennoch kann er zu allem führen. — Wenn sie in
Kleinigkeiten nicht Wort halten, wie soll ich ihnen in wich=
tigern Angelegenheiten trauen? Ich will ihnen wenigstens
einen Meyneid ersparen. — Wer einmal in Feuersnoth

4*

gewesen, und das zweytemal nicht vorsichtig ist, verdient es, daß er darinn umkommt. — Bis wann denken sie wieder hier zu seyn?

v. Gröningseck. Zwey Monat werden mit der Reise wohl drauf gehn.

Evchen. Zwey Monat! — Da wird mir das Herz noch manchmal klopfen: — aber, das muß nun seyn, folglich muß ich mirs auch gefallen lassen. — Ich heiß sie nicht eilen, wenn sie ihr Herz das nicht selbst heißt, — so bin ich ohnehin verlohren. —

v. Gröningseck. Das thuts gewiß.

Evchen. Jetzt, Gröningseck! ja! das glaub ich ihnen, trau ihrer Rechtschaffenheit zu. Wer kann mir aber für die Zukunft stehn? — niemand; sie selbst nicht! — Keins von uns hat im Buche der Vorsehung sein Schicksal gelesen: — eine innre Stimme, die ich aber immer zu betäuben suche, sagt mir, das Meinige wäre mit Blut geschrieben.

v. Gröningseck. Evchen! wie kommen sie da dran?

Evchen. Wie? auf die leichteste, simpelste Art von der Welt. — Den Fall gesetzt, sie hielten ihr Wort nicht —

v. Gröningseck. Der Fall ist aber unmöglich! —

Evchen. Das kann nur die Zeit lehren: — ich setz indessen — hören sie nur! — sie hielten ihr Wort nicht, überließen mich meinem Schicksal, dem ganzen Gewicht der Schande, die mich erwartet, dem Zorn meiner Anverwandten, der Wuth meines Vaters, glaubst du, daß ich dies alles abwarten würde? abwarten könnte? — gewiß nicht! — Die grauenvollste Wildniß würde ich aufsuchen, von allem, was menschliches Ansehn hat, entfernt, mich im dicksten Gesträuch vor mir selbst verbergen, nur den Regen des Himmels trinken, um mein Gesicht, mein geschändetes Ich nicht im Bach spiegeln zu dürfen; und wenn dann der Himmel ein Wunderwerk thäte, mich und das unglückliche Geschöpf, das Waise ist, noch eh es einen Vater hat, beym Leben zu er-

halten, so wollt ich, so bald es zu stammlen anfieng, ihm
statt Vater und Mutter, die gräßlichen Worte, Hure
und Meyneid, so lang ins Ohr schreyn, bis es sie deutlich
nachspräche, und dann in einem Anfall von Raserey durch
sein Schimpfen mich bewöge, seinem und meinem Elend ein
Ende zu machen. — Wär das nicht blutig? Gröningseck! —

v. Gröningseck. Nur zu sehr — die Haar stehn mir —
ich bin Soldat — war sehr jung schon im Feld mit: hab
manche schreckliche Scene mit angesehn — aber so was —

Evchen. Kannst nur du veranlassen, und ich 'ausführen!

v. Gröningseck. Da bewahr sie Gott vor! — mir
schaudert schon beym Gedanken! — Ums Himmelswillen,
Evchen! entsagen sie doch allen diesen melancholischen Träu-
mereyen, schlagen sie sich dieselben ganz aus dem Sinn —
verlassen sie sich auf mich, auf mein gegebenes Ehrenwort,
auf meinen Ueberrest von Gefühl und Tugend; wenns auch
nur ein Fünkchen wär; so haben sie es doch wieder angefacht.

Evchen. Gut, Eröningseck! so seys denn! — ich ver-
sprechs ihnen.

v. Gröningseck. Versprechen sie mir aber auch ruhig und
gelassen die Zeit zu erwarten?

Evchen (nachdenkend.) Ich möchte nicht gern mehr versprechen, als ich halten kann.

v. Gröningseck. Du kannst es, Liebchen! so bald du mir
zutraust, daß ich ein ehrlicher Mann bin.

Evchen. Will ich mich nicht selbst verrathen, und meine
Eltern auf die wahre Spur bringen, so werd ich wohl müssen.
— Sie glauben nicht, wie nah sie mirs schon gelegt, wie
sehr sie mir zugesetzt haben! — mehr als ein mal zitterte mir
das fatale Geheimniß auf den Lippen, nur die Furcht —

v. Gröningseck. Behalten sies ja bey sich; ich beschwöre
sie darum; ich zittre, wenn ich mir ihren Vater denke; —
wenden sie alles an, bieten sie ihre ganze Munterkeit auf,

ja keinen Verdacht zu erwecken. — Es muthmaßt doch wohl niemand —

[75] **Evchen.** Dem Magister trau ich am allerwenigsten; seine Luchsaugen haben mich schon mehr als einmal außer Fassung gebracht. — Der Auftrag, den sie ihm gestern gaben, gieng ihm gewaltig im Kopf herum; ich sahs ihm an, und stellte mich, als wäre mir gar nichts daran gelegen.

v. Gröningseck. Sollte er wohl niederträchtig genug seyn, ihnen schaden zu wollen?

Evchen. Das nicht, Gröningseck! — bös meynt ers nicht mit mir, vielleicht nur zu gut. So viel ich merke, hat er heimlich Absichten auf mich; meine Mutter mag mit drunter stecken. — Die Herren sinds gewohnt, sich als Kandidaten schon ihr Mädchen zu wählen; kriegen sie hernach in zehn, funfzehn Jahren eine Dorfpfarrey, so dörfen sie nicht lang nach einer Frau suchen.

v. Gröningseck. Bis dorthin können wir ihm vielleicht selbst mit einer Tochter bedient seyn.

Evchen. Sorgen sie nur, daß sie sich ihrer Mutter nicht schämen darf. — Jetzt gehn sie; die Nachbarn sinds nicht gewohnt, so lange Licht bey mir zu sehn. —

v. Gröningseck. Bekümmert sich Evchen auch um die? —

Evchen. Wenns da (aufs Herz deutend) nicht richtig ist, — wenn das uns Vorwürfe macht, so fürchtet man sich vor seinem eignen Schatten. — Jetzt gehn sie, sag ich; — morgen können sie mich noch bey meiner Mutter sehn. Sie nehmen doch Abschied bey ihr?

[76] **v. Gröningseck.** Sehn! aber nicht sprechen!

Evchen. Ich werde jeden Blick verstehn. — (sie gehn der Thüre zu) Zwey Monat, sagten sie?

v. Gröningseck. Zwey Monat aufs längste! das schwör ich ihnen nochmals, im Angesicht des Monds und aller der Sterne, die dort am Firmament glänzen: mein letzter Blick, wenn ich morgen in Wagen steig, solls ihnen noch einmal schwören. — Nur ruhig, mein Liebchen! (drückt Evchen die Hand, und geht ab; Evchen öfnet halb die Thüre, steckt den Kopf hinaus und ruft mit gedämpfter Stimme.)

Evchen. Gröningseck! noch eins! (er kommt zurück, sie küßt ihn mit den Worten) Den kann ich ihnen morgen nicht auf die Reis geben! (und riegelt die Thür schnell hinter ihm zu.)
Der Vorhang fällt.

[77] ## Fünfter Akt.

(Das Zimmer vom zweyten Akt; Morgendämmerung. Evchen steht vor dem Spiegel und setzt ein bonnet rond auf. Lissel, ihre Magd, kommt herein.)

Lissel. Ey, Herr Jemer! wo will sie denn schon so früh hin, Jungfer? in dem Nebel, er stinkt nach lauter Schwefel.

Evchen. Das thut nichts, um Michaelstag herum kanns nicht wohl anders seyn. — Ich will nur geschwind wohin springen. — Lissel! o lauf doch und hohl mir deinen baumwollnen Mantel — geschwind — lauf!

Lissel. Was will sie denn mit dem?

Evchen. Was, was? anziehn! du kriegst ihn gleich wieder — sieh, da hast du derweilen meinen tafftnen — heb dir ihn auf, bis ich wieder komm. — So geh doch, ich muß fort, eh unsre Leute auffstehn.

Lissel. Wohin denn? — hat sie etwa was bestelltes? —

Evchen. Freilich! — halt mich nur nicht auf, geh! (Lissel ab.) Wohin? — das weiß ich selbst nicht — so weit mich die Füße tragen. — — Gröningseck! Gröningseck! es soll dir schwer werden wider den Stachel zu lecken! — Den Brief mir zu schreiben! ich hab ihn doch bey mir? [78] (sucht in der Tasche und zieht ihn heraus) Ja! — (guckt ihn noch einmal durch) — Mir den Hasenpoth vorzuschlagen, mich zur Allerweltshure machen zu wollen! — Die Spöttereyen über den Ort, wo wir uns näher kennen lernten, versteh ich nicht einmal; mag sie nicht verstehn! — (steckt ihn wieder ein) Das aber alles zusammengenommen — o! das kann einem schon Füße machen — (erblickt die Portraite ihrer Eltern) Ha! ihr Lieben! seyd ihr auch da? — hier auf den Knieen dank ich euren Bildern für alles Liebs und Gutes, das ihr mir erwiesen. (weinend) Ich lohns euch schlecht — nur flucht, flucht mir nicht. —

Lissel (kommt zurück, Evchen springt auf.) Ich hör den Herrn schon im Zimmer herumschlappen.

Evchen. Geschwind denn! um Gottswillen geschwind! wirf ihn mir um: so kennt man mich doch nicht so leicht; — Den Kapuchon hinauf! — (im Fortgehn dreht sie sich noch einmal um) Den Mantel, Lissel! heb dir auf, bis ich wiederkomm! hörst dus? — (unter der Thür) Gib ihn ja nicht her, bis ich wiederkomm. (ab.)

Lissel (raumt das Zimmer auf.) Bis! Bis! — Unser lieber Herr Gott weiß, was mit der Jungfer umgeht! — ganz richtig ists nicht; so ängstlich hab ich sie noch nie thun sehn. — Wenn ihr was Leids geschehn wär! — so eine gute, verständige Jungfer! sie thät mir in der Seele leid. — (will mit dem Mantel abgehn, indem kommt der Magister hastig herein.)

[79] **Magister.** Ist mein Vetter schon ausgegangen, Jungferchen?

Lissel. Ausgangen? ja guten Morgen! er ist kaum aufgestanden.

Magister. Desto besser! so verfehl ich ihn nicht; sag sie ihm, ich hätte nothwendig mit ihm zu reden; er möchte gleich herkommen.

Lissel. Schon recht, Herr Magister! (ab.)

Magister. Ich gäb noch was drum, wenn ich wieder zum Hauß draus wäre — ich wage viel — indessen, ein größeres Unglück zu verhüten; — wenns ist, wie ich zu muthmaßen berechtigt bin, so ists besser, ich brings meinem Vetter nach und nach bey, als daß ers von Fremden erfährt, oder wohl gar selbst entdeckt. — Er würde seiner ersten Wuth keinen Einhalt zu thun wissen. —

Humbrecht (im Nachtkamisölchen, Schlafmütz, und niedergetretnen Schuhen.) Guten Morgen, Vetter! wo Henkers kommt er schon so früh her?

Magister. Von Haus! ich gieng lieber etwas früher, um sie nicht zu verfehlen.

Humbrecht. Er muß also doch was großes auf dem Herzen haben.

Magister. Ich wünschte, es wäre nicht so. — Sie sind ein Mann? —

Humbrecht. Meiner Frau wenigstens hab ichs bewiesen.

Magister. Ohne zu spaßen, wenn ich bitten darf — sie sind ein Mann, der Verstand hat —

Humbrecht. Meinen gesunden, schlichten Men- [80] schenverstand, so viel man in die Haushaltung braucht, den hab ich — ja!

Magister. Gut! so nehmen sie ihn zusammen, Herr Vetter! und hören, was ich ihnen zu sagen habe. — Es geht mir sehr nahe — vielleicht bin ich auch irre, aber es ist doch Pflicht —

Humbrecht. Nur nicht so viel Gepreambulums, Herr Magister! — Pack er gleich recht an.

Magister. Erst geben sie mir aber ihr Wort als ein ehrlicher Mann, daß sie mich geduldig ganz anhören, und eh ich fertig bin, mir nicht von der Stelle gehn wollen.

Humbrecht. Was zum Henker soll denn das vor eine Predigt geben! — meintwegen, er solls haben, da ist die Hand drauf. —

Magister. Jetzt zur Sache. Sind sie gestern in der Klauskirche gewesen, Herr Vetter?

Humbrecht. Nein, ich nicht! aber meine Leute; das leid ich nicht anders.

Magister. Es war Katechismuspredigt.

Humbrecht. Das kann seyn.

Magister. Die Reihe trafs grad, daß die zehn Gebott in der Amtspredigt zum Text genommen wurden. —

Humbrecht. Nu, was weiter? — noch seh ich weder kux noch gax.

Magister. Gedult nur! — Der Herr Pfarrer hielt sich diesmal vorzüglich beym siebenten Gebot auf —

Humbrecht. Beym siebenten? — wart er, [81] wie heißt es doch? — du sollst — du sollst — du sollst nicht unkeusch seyn — nicht?

Magister. Ganz recht! — Nach der Predigt, wissen sie, werden alle Quartal die Verordnungen von der Kanzel gelesen, die unsre Könige wegen den Duellen, dem Hausdiebstahl und dem Kindermord gemacht haben.

Humbrecht. Das wußt ich, da ich kaum noch den Hosenknopf aufmachen konnt, was solls aber —

Magister. Gleich werden sies hören. — Ferner wissen sie —

Humbrecht. Ich weiß! ich weiß! daß ich bald toll werde, und ihn allein stehn lasse, wenn er nicht fortmacht.

Magister. Sie haben mir versprochen, nicht eher vom Fleck zu gehn — sie müssen also Wort halten. — Sie wissen, wollt ich sagen, daß die Weiberstühle grade der Orgel gegenüber stehn, wenigstens zum Theil —

Humbrecht. Ja! — und daß ihr andre junge Herrchen euch während dem Gottesdienst bald blind nach den armen Mädels schielt, das weiß ich auch! hab mich auch manch schönes mal schon drüber geärgert. — Ich sollt einmal auf vier und zwanzig Stund nur Pfarrer seyn, ich ließ euch samt euren Guckgläsern durch den Steckelmann zum Tempel hinaus jagen!

Magister. Wenn sie mich nicht hören wollen, Herr Vetter!

[82] **Humbrecht.** Ja doch! ich hör ja!

Magister. Ich stand also auf der Orgel und konnt mein Bäschen grad ins Gesicht fassen.

Humbrecht. Mein Evchen?

Magister. Ja! — von ungefähr sah ich ihr in der Predigt, grade bey der Stelle, von der ich schon vorhin sagte, etwas steif in die Augen. Da wurde sie feuerroth, gleich drauf wieder bleich, wie ein Tuch, schlug die Augen nieder, blieb die ganze Predigt durch so unbeweglich sitzen, und fiel endlich, da die Ordonnanz von den Kindermörderinnen verlesen wurde, gar in Ohnmacht.

Humbrecht. Nun, und da führte man sie zur Kirch hinaus an die frische Luft, und da erhohlte sie sich wieder, und jetzt ist sie wieder so gesund als vorher —

Magister. Es ist aber — es thut mir leid, daß ich es sagen muß — es ist aber doch bedenklich —

Humbrecht. Bedenklich! — ich seh gar nichts bedenklichs: wenn ein junges, unschuldiges Ding sich so viel von Unkeuschheit, Hurerey und Unzucht in die Ohren poltern hört, wenn noch oben drauf ein paar abgeschmackte Maulaffen es starr in die Augen darüber anplarren, so seh ich gar nichts bedenklichs dabey, wenn ihm der Kopf schwindlicht wird, wenns bald roth bald blaß vor Aerger wird —

Magister. Aber die Ohnmacht! — grad an der Stelle —

[83] **Humbrecht** (zieht ehrerbietig seine Schlafmütze ab.) Nimm er mirs nicht übel, Vetter! man sieht wohl, daß er gstudirt ist. Ihr wohlweiße Herrn wollt immer mehr sehn als ander Leut; 's geht euch aber, wie allen Triefaugen, — wenn sie gegen die Sonne stehn, sehn sie alles doppelt, und nichts recht. — Was Tausendelement noch einmal! kann man etwa die Ohnmachten bestellen, wenn sie kommen sollen?

Fr. Humbrecht (kommt geloffen.) Du schreyst ja, Mann, daß die Leut vor der Thür stehn bleiben.

Humbrecht. Es wird einem auch darnach gekocht! — Da kommt mir der Siebenkünstler da in aller Früh schon her; und brummelt mir von Rothwerden, von Ohnmachten, die unser Evchen gestern gehabt hat, die Ohren voll; und will, was weiß ich? draus schließen.

Fr. Humbrecht (rümpft die Nase, und zuckt die Achseln.) Da schließt sich wohl was! — Es war ihr nicht wohl, sonst müßt ich nicht, was man draus schließen könnt.

Magister. Eigentlich kam ich hieher, um mit dem Herrn Vetter allein zu sprechen: — doch, weil sie da sind, Frau Baas — ich weiß, sie sinds überzeugt, daß ich ihrer Jungfer Tochter gut bin — sie machten mir selbst einst Hofnung — (stotternd) aber — kurz, weil der Herr Vetter meinem Bemerkungsgeist nichts zutrauen will — so will — so muß ich — (zieht eine Brieftasche heraus, und sucht etwas.)

[84] **Fr. Humbrecht.** Du lieber Gott! was sollen denn das für Bemerkungen seyn? — Martin!

Humbrecht. Weiß ichs? — Wenns mir recht ist, so hält er uns für Kalbsköpf, die keine Augen haben, und unser Evchen — wenigstens für eine Hure.

Magister (betroffen.) Herr Vetter!

Fr. Humbrecht. Was! mein Evchen? — Herr Magister! weiß er auch, was er da sagt? — he! — da kommt er mir recht; — ich setz mein Leben zum Pfand, meine Tochter ist ehrlich — das sagt ihr kein braver Mann nach, und wenn er s wär, Herr Magister! — Vetter mag ich ihn gar nicht mehr heißen. — (setzt die Händ in die Seiten) Ist das der Dank für alles Liebs und Guts, was wir — was mein Mann ihm erzeigt hat; hat ihm schon in der Klass die Singstunde bezahlt, — wie er ins Kloster kam, das Kommod geschenkt, mit dem er sich noch jetzt so patzig macht, he! — Ist das der Dank, daß ihm mein Evchen für das Bißel Klavier, daß ers gelehrt hat, den Magisterring an den Finger gesteckt hat! — wenn w i r nit gewesen wären, hätt er ja mit samt seinen Stipendien doch nit können promoviren! wie lang waren sie schon verfressen? he! —

Humbrecht (hält ihr das Maul zu.) Frau! Frau! Du machst ja sechsmal mehr Lärm als ich!

Fr. Humbrecht (reißt sich los.) Hab ich nicht Ursach? — wer meinem Evchen was an der Ehr abschneiden will, der greift mir ins Aug.

[85] **Magiſter.** Frau Baas! Um Gotteswillen — Ich empfehl mich. (will fort.)

Humbrecht. War denn das alles, was er mir ſagen wollt.

Magiſter. Nein! — aber (auf die Frau deutend) ſo lang ſie da iſt, bin ich ſtumm.

Humbrecht. Liebe! geh ein Bischen hinein. Komm! (kriegt ſie beym Arm) nur ein Bischen.

Fr. Humbrecht. Keine zehn Pferd bringen mich fort! — Nicht von der Stelle! — ich will mit anhören, was er meinem Evchen nachſagen kann.

Magiſter. Ich will ihm nichts nachſagen, Frau Baas! ich ſchwörs ihnen. Sie wiſſen ja, daß ich ihr von je her gut war — und eben deswegen glaubt ich verpflichtet zu ſeyn, ihnen von einem und dem andern, daß ſie noch nicht wiſſen, vielleicht nicht wiſſen können, Nachricht zu geben. — Noch glaub ich es ſelbſt nicht; — ich bins aber ihnen ſchuldig, für eben die Gütigkeiten, die ſie mir den Augenblick mit ſo viel Bitterkeit vorwarfen, bin ichs ihnen ſchuldig zu ſagen, und i h r e Pflicht iſt es, nichts ununterſucht zu laſſen. — Sehn ſie, dieß Briefchen wurde mir geſtern Abends zugeſchickt. — Leſen ſie ſelbſt; ich würde gar keine Notiz davon genommen haben, wär nicht des Morgens in der Kirche ſchon der andre Vorfall geſchehn. (gibt Humbrechten ein Briefchen, den Umſchlag behält er, und ſteckt ihn endlich in die Taſche.)

Humbrecht. Die Pfote mag der Teufel leſen, [86] iſts doch, als hättens die Hüner zuſammengekrazt! (giebts zurück.)

Magiſter. Geben ſie her: ich wills ihnen Wort für Wort vorleſen; ſehn ſie aber ja mit hinein, daß ſie mich nicht hernach wieder beſchuldigen —

Fr. Humbrecht (ſtampft mit dem Fuß.) Nun, ſo leß er, leß er nur!

Magiſter (ließt, und deutet Sylbe für Sylbe mit dem Finger, Martin Humbrecht und ſeine Frau ſehn auf beyden Seiten hinein.)

„Mein Herr!"

„Sie heißen Humbrecht, und mögen leicht mehr Ver-

„stand haben, als alle in ihrer Familie, die diesen Nahmen
„führen. Fragen sie doch Evchen Humbrecht, ihre Baase,
„ob sie dumm genug ist zu glauben, daß ich sie würklich
„heyrathen wollte. Wenn sie zurückdenken, und sich des Orts
5 „erinnern will, wo wir unsre Bekanntschaft gemacht, so kann
„sie mirs nicht zumuthen. Wenn ihr Vater die hundert
„Thaler nicht hergeben will um ihr Kind ins Findlinghaus
„zu thun, so will ich allenfalls davor Rath schaffen. Es
„liegt ihnen selbst daran dieses zu wissen."
10 v. Gröningseck."

„N. S. Es bedarf keiner Antwort, sie trifft mich doch nicht."
(Magister guckt sie wechselsweis, das Papier in der Hand haltend, an.)
[87] **Humbrecht.** Gröningseck! so hieß ja der Bayerofficier,
der bey uns logirt hat!

15 **Magister.** Eben der! der Evchen auf den Ball —

Fr. Humbrecht (reißt dem Magister den Brief aus der Hand.)
Ja, der hieß so! — wie aber der heißt, der den imfamen
Pasquill hier geschmiert hat, das weiß ich nicht: (reißt ihn,
weil sie spricht, in tausend Stücken, und tritt mit Füßen darauf)
20 — wenn ichs wüßte, so kratz ich ihm die Augen aus.

Humbrecht. Frau! weißt du was? ruf das Mädel ein=
mal her; — jetzt ärgerts mich, daß wir ihr den Wisch nicht
selbst können zu lesen geben — (will die Stücken aufraffen)
Du bist verflucht fix, Frau!

25 **Fr. Humbrecht.** Zu lesen! wofür? daß sie ihren Tod
dran hohlt, sonst wüßt ich nicht warum? ists nicht 'ne Schand
und Spott, daß so ein alter Esel, wie du bist, auf so Kinder=
geschwätz gehn kann? — Ja! wenn ich nicht beständig um
sie gewesen wär! — aber so!

30 **Humbrecht** (gebietrisch.) Gehst du, sag ich, oder ich geh.
(Frau Humbrecht bohrt dem Magister einen Esel, und geht ab.)
— Vetter! — (ihn an der Schulter packend) unter uns! —
vor meiner Frau wollt ich michs so nicht merken lassen —
aber — wenns wahr ist, wie er mirs da vorgelesen hat,

so kommt mir das Mensch nicht mehr ganz zur [88] Stub hinaus — die Rippen im Leib tret ich ihr entzwey, und ihrem Bastert dazu!

Magister (gesetzt.) Herr Vetter! wenn sie nur einen Funken von Religion haben, so fassen sie sich. Ich kam nicht hieher um Augenzeuge eines Verbrechens zu seyn. — Zudem ists ja noch nicht ausgemacht. — War Gröningseck mein Freund, wie er sich stellte, so ist der Ton seines Briefs mir ein Räzel. — Mit den andern Umständen aber zusammengenommen, verdient die Sache schon Untersuchung. — Doch! wie gesagt, daß sie sich ja nicht vergreifen! sonst — vielleicht ist auch —

Fausthammer (kommt.) Ischt er der Master Humbrächt, der Metzjer?

Humbrecht. Ich meyns.

Fausthammer. Do schickt mi der Härr Fischtol mit der Duse här, er soll ämol sehn, ob er sie kennt?

Humbrecht. Dich kenn ich zum wenigsten — bist du nicht der Hans Adam, der Bettelvogt daneben im Bocksgäßel?

Fausthammer. Gar rächt! — wir werden abber Fusthämmer, nit Bettelvögt tittlirt.

Humbrecht. Hohl der Teufel die Tittel! — ich frag dich, ob du der nemliche bist, der vergangnes Frühjahr ein armes Kind von fünf Jahren vor Becker Michels Thür unter der grosen Gewerbslaub zu Tod geprügelt hat.

Fausthammer. Ey! worum hätt die Krott au gebettelt! — 's ischt mer halt äi Straich mislungen —

[89] **Humbrecht.** Wart Racker! ich will dich bekrotten! — wenn du ein Vieh bist, so geh in Wald zu den andern wilden Thieren; (kriegt ein spanisch Rohr, und prügelt ihn tüchtig durch) Jetzt geh, Kanaille! ich hab dirs lang nachgetragen; bist mir auf einmal in die Kluppen gekommen.

Fausthammer (der während dem Prügeln die Dose fallen ließ, im Abgehn.) — Schunn guht! schunn guht! er solls nit umsunst gethon han! (reibt sich den Buckel.)

Humbrecht. Nicht umsonst? — hast du doch das Kind umsonst todtgeschlagen, und hat kein Hahn darnach gekräht, du Schindersknecht. — Wart, ich will dir den Buckel noch besser reiben, wenns nicht genug ist —

Faustbammer (lauft fort.) Schunn guht! — schunn guht! — wärds ze melden wissä. (ab.)

Humbrecht (wirft das Rohr in eine Ecke.) Der kam mir eben recht! — Der Himmelsakerment! — Ein Kind von fünf Jahren mit seinem spanischen Hengst so lange zu prügeln, bis es die schwere Noth kriegt, und krepirt! — und warum? — weil es ein Stück Brod bettelt, das es doch auch nicht stehlen darf — Dich soll das heilige Donnerwetter! — hätt ich dem Hund nur besser gegeben!

Magister. Aber bedenken sie auch, Herr Vetter, daß ihnen das Ding kann übel ausgelegt werden?

Humbrecht. Nu! laßt michs auch ein paar hundert Gulden kosten, die will ich gern geben! [90] hab ich doch an dem Racker mein Müthchen gekühlt. —

Magister. Und die Obrigkeit mit in ihm beleidigt —

Humbrecht. Obrigkeit! Obrigkeit! — ich hab allen möglichen Respekt für meine Obrigkeit — aber den Viehkerls wenigstens sollte sie nicht so viel Gewalt geben; — haben nicht ihrer zween noch erst vor kurzen einen armen Handwerksburschen, der im nemlichen Fall war, aufs erbärmlichste mishandelt, ihm mit Füßen das Gemäch entzwey getreten, daß er drey Stund drauf den Geist aufgab? — Und das soll Ordnung seyn? he! —

Magister. Die werden ihren Lohn schon kriegen! — Herr Vetter! Herr Vetter! nehmen sie sich in Acht.

Humbrecht. Ey was! ich sag, was wahr ist, und da fürcht ich den Teufel nicht.

Fr. Humbrecht (kommt geloffen, rauft sich die Haare.) Martin! Martin! — ach, du lieber Gott! Evchen ist nirgends zu finden.

Humbrecht. Was, nicht zu finden? o nun glaub ich alles! — haft du recht nachgesehn — in ihrem Zimmer — in der Küch? —

Fr. Humbrecht. Alles! alles durchsucht; in der Metzig so gar bin ich gewesen, hab keinen Odem mehr — Gerechter Gott, was soll das seyn?

Magister. Hat sie denn niemand gesehn? war sie gestern —
[91] **Fr. Humbrecht.** Ach! ich saß ja noch ganz spät bey ihr —

Magister. Und den Morgen? —

Fr. Humbrecht. Dacht ich, sie schlief noch, wie sonst. — Da ist sie in aller Früh, wie ich von der Magd höre, ganz kunsternirt zum Hauß hinaus gegangen. — Wenn sie sich nur nicht ins Wasser gestürzt hat! — sie war ein paar Wochen her wieder so melancholisch —

Humbrecht. Der Teufel soll die Melancholie hohlen, die Händ und Füß hat! — Ich bin vor den Kopf geschlagen, wie ein Ochs — Schick den Augenblick bey allen Bekannten herum, ob sie nicht da ist, ich will selbst hinten hinaus zu deiner Schwester springen — (sie will abgehn, er lauft ihr vor und sagt) bleib nur, ichs der Magd selbst sagen. — Im Augenblick bin ich wieder da, Vetter! (ab.)

Fr. Humbrecht (stolpert im Rückweg über die Dose, guckt darnach, hebt sie auf.) Gott! meine Tobacksbüchse, die ich ausrufen ließ, wie kommt die hieher?

Magister. Ein Fausthammer brachte sie, von Polizeywegen; ihr Mann, der, wie er sagte, schon längst einen Groll auf ihn hatte, prügelte ihn, da ließ er sie vor Schrecken fallen, und lief fort.

Fr. Humbrecht. So kommt denn alles zusammen! (steckt sie ein) — Wer hätte so was gedacht, Herr Vetter! (Magister zuckt die Achseln) — Aber noch kann ichs nicht glauben, und kanns [92] nicht glauben. Sie war immer so duß, so fromm wie ein Lamm! er weiß selbst, wie viel hundertmal haben wir nicht gesagt, sie müßte Frau Pfarrerinn werden. — Sie ist mir ja nicht aus den Augen gekommen, sie hat den verfluchten Leutenant, Gott sey mir gnädig! ja niemals, ohne mich gesprochen.

Magister. Er spricht aber doch in seinem Brief von einer Zusammenkunft —

Fr. Humbrecht. Die hat er aber nicht mit ihr gehabt, und kann sie nicht gehabt haben, so wenig, als mit mir —

Humbrecht (kommt wieder.) 'S ist alles aus! sie ist auch da nicht.

Fr. Humbrecht. Barmherziger Gott! ich bin des Tods noch.

Humbrecht. Jetzt können wir nur dem Vetter zu Fuß fallen, und ihm unsre Beschimpfungen abbitten.

Magister. Darauf war ich vorher gefaßt; ich ließ sie zum einen Ohr hinein, zum andern herausgehn. (sieht auf die Uhr) Jetzt muß ich fort; so bald es meine Geschäften erlauben, bin ich wieder hier. — Nur keine Excesse, so kann noch alles gut werden. — Aufs Wiedersehn! (ab.)

Humbrecht (wirft sich auf einen Stuhl.) Das heißt mir ein Morgen! (seine Frau ringt die Hände und weint) Der kann einem das Herz schon abstoßen! — Gottlob, daß ich mir keine Vorwürfe machen darf; ich hab euch oft genug von Tugend [93] und Ordnung vorgepredigt! — Hab dir oft den Kablanzen gelesen, Frau! wenn du ihr zuviel Freyheit ließest; — jetzt hast dus!

Fr. Humbrecht (im flehentlichen Ton.) Ums Himmelswillen, Martin, lieber Martin! nur jetzt keine Vorwürfe, wenn ich nicht auf der Stelle vergehn soll! — ich hab das Meinige gethan — so gut wie du immer!

Humbrecht. Dann wohl dir! das ist ein großer Trost, und doch keiner für ein Vaterherz! (schlägt sich wider die Stirne, indem geht die Thür auf, der Fiskal kommt herein, zween Fausthämmer mit, über dem Geräusch springt Humbrecht auf.)

Humbrecht. Wer sind sie, mein Herr? was wollen sie hier? wen suchen sie?

Fiskal. Sachte, mein Freund! er wird mich doch nicht etwa auch durchprügeln wollen, wie den ehrlichen Mann da?

Humbrecht. Der, ein ehrlicher Mann? ein Lumpenhund, ein Schindersknecht mag er seyn, aber kein —

Fr. Humbrecht. Still, Martin! der Herr Fiskal! —

Fausthammer. Do hören sies sälbst, Härr Fischkol! do höre sies, und dort leit der Stock noch.

Fiskal. Still nur! euer Schmerzengeld soll euch schon werden.

Humbrecht. Sie sind also der Herr Fiskal?

Fiskal. Der bin ich; — ich schickte vorher —

Humbrecht. O mein Herr Fiskal! sie verzei= [94] hen — sie könnens einem rechtschaffenen Bürgersmann nicht übel nehmen, wenn er die Ehr hat sie nicht zu kennen; es ist, dächt ich, immer ein gutes Zeichen, wenn man mit der hochlöblichen Polizey nit viel zu schaffen hat —

Fiskal. Keine Komplimenten, mein Freund! es steht euch gar nicht —

Humbrecht. Ich heiß Martin Humbrecht, Metzger und Burger allhier, und für mein Geld, das ich der Stadt abgeben muß, heißt mich Ihre Gnaden, der Herr Ammeister selbst Er.

Fiskal. Ich versteh schon, Herr Humbrecht; Er, Sie, mir gilts gleich. — Ich schickte vorher den Mann zu ihnen — er ist ein Diener der Polizey, wenn sie es noch nicht wissen, und wer ihn beleidigt, der greift das ganze Amt an, doch davon sollen sie schon sonst wo Red und Antwort geben. — Jetzt kam ich nur im Vorbeygehn zu hören, ob sie eine gewisse Dose, die ihnen der Mann vorzeigte, für die ihrige agnosciren? —

Humbrecht. Ich weiß kein Wort von Dosen; — hat er mir eine Dose gewiesen? — da muß ich blind gewesen seyn.

Fausthammer. Jo! vor Zorn; min Buckel hats empfunden.

Fr. Humbrecht. Ja, Martin, da ist sie: — sie lag da auf der Erde. (will sie ihm hingeben.)

Humbrecht. Die? das ist ja die Deine: — wie käm denn die hochlöbliche Polizey dazu?

Fr. Humbrecht. Ich verlohr sie —

[95] **Fiskal.** Unter diesem Schein ließen sie sie wenigstens ausrufen.

Fr. Humbrecht. Und der Mann da hat sie vermuthlich gefunden? — das versprochene Trinkgeld — (sucht in der Tasche.)

Fiskal. Nein, er nicht, Frau Humbrecht! ich eher; das Trinkgeld spahren sie also. Nun wär ich zwar freilich nicht schuldig zu sagen, wie ich sie ans Tageslicht gebracht; damit sie mich aber nicht etwa für einen Hexenmeister halten, will ich ihnen gestehn, wies zugieng. — Mein Amt bringts mit sich, daß ich Augen und Ohren allerwärts haben muß, da hört ich nun auch eben diese Dose ausrufen; ich notirte mir, wie ich mehr thue, die Kennzeichen, und da wir vor einigen Tagen bey einem schlechten Weibsbild, das sich über den Rhein machen wollte, unter andern Sachen auch die Dose fanden, so schickte ich nach dem Ausschreyer, und nahm seine Aussage, wem sie zugehört, ad protocollum; noch war nöthig, daß sie sie agnoscirten, das ist nun geschehn, und jetzt bitt ich mir sie wieder zurück aus —

Fr. Humbrecht. Wie so! ist sie nicht mein?

Fiskal. Gewesen, ja! Jetzt aber gehört sie zum corpus delicti und muß bis zum Endspruch in den Händen der Gerechtigkeit deponirt bleiben. Wollen sie denn die Unkosten pro rata bezahlen, so können sie sie wieder kriegen. — (Frau Humbrecht giebt sie ihm wieder) Indessen kann ich ihnen im Vertrauen sagen, sie haben sie nicht ver- [96] lohren, sie ist ihnen gestohlen worden. — Das Mensch hat schon alles bekennt. —

Humbrecht. Gestohlen! wo? — von wem?

Fiskal. In einem gewissen Haus, wo die Madam vermuthlich nicht gern wollen gewesen seyn.

Humbrecht. Wieder was neues! — Frau, willst du reden — sag! wo kam sie dir weg?

Fr. Humbrecht. Und wenn ich gerädert sollt werden, so kann ich nichts anders sagen, als' daß ich sie auf dem Ball muß verlohren haben.

Fiskal. Gehn sie lieber mit der Sprach heraus, Frau Humbrecht, der Herr Liebste erfährt es doch. — Im gelben Kreutz — wissen sie —

Humbrecht. Was in dem Bordel —

Fiskal. Pfui! da wird ihre Frau doch nicht frühstücken.

Fr. Humbrecht (betroffen.) Frühstücken! ja wir haben gefrühstückt; — wo, weiß ich nicht. — Der Leutenant versicherte mir aber, wir wären in einem honnetten Haus. —

Fiskal. Und gab ihnen, in aller Honettete, einen Schlaftrunk.

Humbrecht (beißt die Zähn übereinander.) Der Herr Beelzebub und seine lebendige Großmutter! — Bestie! den Hals dreh ich dir um — (will auf sie los, Fiskal tritt dazwischen) Jetzt gehn mir auf einmal die Augen auf: hats mir doch immer vom Teufel geträumt! — der verfluchte Ball! — Be= [97] stie, vermaledeyte Bestie! hast deine Tochter zur Hure gemacht! —

Fr. Humbrecht (schluchzend.) Ich! der allmächtige Gott weiß, daß ich so unschuldig bin, als das Kind in Mutterleib. —

Lissel (kommt hastig herein.) Ich kann sie nirgends — — (da sie den Fiskal erblickt, wird sie ganz bestürzt; will wieder zurück, auf einmal lauft sie hervor und fällt vor dem Herr Humbrecht auf die Kniee; weinend) Ach, meine guldne, herzallerliebste Herrschaft! ich bitt sie um Gotteswillen, — ich will ja gern alles gestehn, alles sagen — nur lassen sie mich nit ins Raspelhüs führen —

Humbrecht (tritt nach ihr.) Geh an Galgen!

Lissel. Ach du lieber Himmel! bedenken sie doch, so ein junges Blut, wie ich bin —

Humbrecht. Was willst du? hat dich deine Mutter ins Hurenhaus geführt?

Lissel. Ach nein! so gottsvergessen ist sie nicht.

Humbrecht. Hörsts, Frau Humbrechtin! hörsts! — Ein schöns Liedchen! — will birs noch oft vorsingen.

Fr. Humbrecht (schlägt die Händ über dem Kopf zusammen, will reden, verstummt, und geht ab.)

Fiskal (der seither mit den Fausthämmern heimlich gesprochen, zu Lissel.) Entweder sagt jetzt gleich alles, was ihr von der Sache wißt, oder die Männer hier bringen euch an einen Ort, wo man schon Mittel finden wird, euch schwätzen zu machen.

Lissel. Ach, mein allergnädigster, liebreicher Herr [98] Fiskal! ich weiß nichts, gar nichts; als daß sie heut in aller Früh sich die Zöpf aufmachte, ein Bunne rung aufsetzte und fortgieng; und da gab sie mir ihren Mantel, ihren taftenen, und sagt, ich sollt ihn mir aufheben, bis sie wiederkäm, das sagt sie mir dreymal mit den nemlichen Worten, und da mußt ich ihr meinen baumwollenen geben; da gieng sie fort, und da kehrt sie sich unter der Thür noch einmal um und sagte, Lissel! bis ich wiederkomm. Ich will des Todes seyn, wenns nit wahr ist! — Jetzt haben sie Barmherzigkeit mit mir, mein allerliebster Herr Fiskal! sonst weiß ich nichts mehr, als daß ich den Mantel in meine Küst gelegt habe, wie sie michs geheißen hat; Gott muß mein Zeuge seyn, daß ich ihn nit gestohlen habe; — wenn sie mich foltern, so weiß ich jetzt kein stumpicht Wörtchen mehr.

Fiskal. Wer ist denn die Sie?

Lissel. Wer? — ey unsre Jungfer! die Jungfer Ev!

Humbrecht. Du Jungfer und der Teufel! — Die Hure, Herr Fiskal, hat Lunden gerochen, und ist heut morgen davon geloffen. — (bewegt) Wenn sie der Teufel nur nicht reitet, daß sie sich gar — Das gäb eine schöne Himmelfahrt!

Fiskal. Dem muß man zuvorkommen! — Männer, ihr wißt eure Schuldigkeit! (Fausthämmer wollen abgehn.) Halt! noch eins, wie sieht ihr baumwollner Mantel aus?

[99] **Liffel.** Brauner Boden, roth und grün geſtrieft, mit gelben Blumen.

Fiskal. Jetzt. (Fausthämmer im Abgehn.)

1. Fausthammer. Gott lob! do gitts doch widder a paar ſechs ſchilli Bießlä ze verdienä!

2. Fausthammer. Vergiß jetzt widder d' Kunſign, häſchts ghört!

1. Fausthammer. Dreck uf dien Nas. I waiß gewiß nimmi? — a bunne rung, unn a Mantel mit brunem Bobä, unn — unn — o 's iſt mer zinn I ſeh ſie ſchunn. (ab.)

Fiskal. (mittlerweil zu Humbrecht.) Herr Humbrecht! ſie ſind ein hitziger, wilder Kopf! hüten ſie ſich und machen ſie keine halsbrechende Arbeit: — ſo viel zur Warnung! (im Abgehn) — Euch junge Magd rath ich ja ehrlich zu bleiben; zur armen Sünderinn ſeyd ihr von Haus aus verdorben. (ab, Liſſel mit: Humbrecht fällt wie betäubt auf einen Stuhl, die Händ auf den Tiſch, den Kopf drauf. — Der Vorhang fällt.)

[100]   **Sechster Akt.**

(Zimmer der Frau Marthan, im Hintergrund ein armſeliges Bett ohne Vorhäng: **Frau Marthan** biegelt, und legt Stück vor Stück, wie ſies fertig bringt, in einem Korb zuſammen; **Evchen** ſitzt am Bette, hat ihr Kind auf dem Arm, es ſchreyt.)

Evchen. Armes, armes Kind! — nein länger ertrag ichs nicht. — (legts aufs Bett) O liebe Frau Marthan! — ich bitt ſie um Gotteswillen, nur ein einziges halbes Weißbrod, nur ein Viertel! ſchaff ſie mir, und ein paar Löffel Milch, daß ich dem unſchuldigen Tröpfchen ein Bißel Brey koche.

Fr. Marthan. Woher nehmen und nicht ſtehlen? wenn ſie mich auf den Kopf ſtellt, ſo fällt kein Heller heraus — Sie weiß ja ſelbſt, daß ich heut meine letzten Pfennige zuſammengeſcharrt hab, um das Laibchen Kommißbrod zu kaufen.

Evchen. Heyland der Welt! — ſo ſolls denn verſchmachten!

Fr. Marthan. Gib sie ihm zu trinken.

Evchen. Wenn ich was hätte! — es ist alles vertrocknet, kein Tropfen herauszupressen! mein Kummer hat alles aufgezehrt. — (geht vom Bett weg) Kann den Jammer nicht ansehn, sonst werd ich noch rasend.

[101] **Fr. Marthan.** Behüt und bewahre! da käm sie ja ins Tollhaus! — weiß sie was, Jungfer —

Evchen. Spricht sie mit mir, Frau Marthan?

Fr. Marthan. Mit wem sonst? — Soll ich sie etwa nit Jungfer heißen? Kurios! — gehn so viele vornehme und geringe in der Stadt herum, die schon drey, vier so Puppelchen in der Kost haben, thäten einem die Augen auskratzen, oder gar einen Jurienprozeß an Hals hängen, wenn man sie nit hinten und vornen Jungfern hieß! — Ich glaub aber, Gott verzeih mirs, sie ist gar nit wie ander Leut. — Was geschehn ist, ist geschehn, da hilft kein Greinen und kein Jammern! und ein Kind, so denk ich, ist doch immer besser als ein Kalb: — kann sie nicht gleich wieder einen Platz als Stubenmädchen bekommen, so will ich sie als Säugamm rekummediren —

Evchen. Hätt ich Milch für den Wurm!

Fr. Marthan. Wie ists möglich? wo soll sie herkommen? seit den fünf Wochen, daß sie bey mir ist, hat sie, Gott verzeih mirs! glaub ich, ein Ohm Wasser zu den Augen heraus geweint; und darnach, wenn man nichts ißt und trinkt — ich will doch wärli nit hoffen, daß es ihr etwa nit gut genug ist? — wer's Geringe nit will, ists Gute nit werth: — gelt! den Teller voll Fleischsuppe, den ich ihr vorgestern Abends hinstellte, weil ich gestern im Taglohn wäschen mußt, warum hat sie ihn nicht gewärmt und gegessen? Gott weiß, ich [102] hab ihn an meinem eigenen Maul erspart! — sie war so kräftig, es hätt sich ein Prinz daran erlaben können! ein ganz Pfund vom besten Kuhfleisch und zwey Kalbsfüß! — aber nein, da ließ sie sie verderben, heut mußt ich sie der Katz hinstellen. — Ist das nit sündlich? heißt das nit an seinem eignen Leib zum Mörder werden, und kann sie das verantworten? (geht hinaus einen heißen Stahl zu hohlen.)

Evchen. Ha! verantworten, das ist die Sache! — wäre das nicht, nicht die Furcht ewig, ewig — schon längst wär meines Gebeins nicht mehr. (Frau Marthan kommt wieder) Sie soll vollkommen Recht haben, Frau Marthan! ganz recht; aber denk sie sich an meinen Platz; betracht sie das arme Würmchen hier; von Gott und der Welt verlaßen —

Fr. Marthan. Das sag sie nicht, ja nicht! sie versündigt sich wieder. — Gott hat noch niemand verlaßen, er wird an ihr und an ihrem Kind nicht anfangen; und ich will ja gern alles thun, was ich thun kann; — wie gesagt, so bald die Frau Funfzehnerinn ins Kindbett kommt, will ich sie als Säugamm hinbringen. — Ich gelt was bey ihr, das kann ich wohl sagen. (Das Kind schreyt wieder.)

Evchen (läuft ans Bett.) Gottes Barmherzigkeit, es schreyt sich vor Hunger noch zu Tode. (nimmts auf den Arm, und wiegts.)

Fr. Marthan. So! das ist recht! such sies [103] ein wenig zu geschweigen; so bald ich mit der Wäsch fertig bin, will ich sie wegtragen, vielleicht krieg ich ein paar Schilling. — Aber alles was sie thut, huck sie mir nit immer so über sich selber; der bös Gott bhüt uns, könnt gar leicht sein Spiel haben: nimm sie ein Gebetbuch und leß sie hübsch drinn, sie sagt ja, sie könnts; dort auf dem Tresurchen steht der Himmels- und Höllenweg; 's ist gar schön, sag ich ihr: mein Mann seelig hat ihn in seiner letzten Krankheit fast auswendig gelernt. — Bey wem hat sie denn zuletzt gedient, eh ihr das Unglück begegnet ist? — Ich sag immer, es ist aber doch nicht recht von den Herrschaften, die einen armen Dienstboten, wenn er in den Umständen ist, so mir nix dir nix zum Haus hinauswerfen, wir sind alle sündliche Menschen; wie bald kann nit ein Unglück geschehn, und dann hats der Herr oder die Frau doch auch aufm Gewißen. — Bey wem wars, hört sie nicht? —

Evchen. Bey wem? (verwirrt) beym — beym — sie kennt ihn doch nicht.

Fr. Marthan. Wer weiß? sag sies nur; — über mein Zung solls nit kommen.

Evchen. Beym — beym Metzger Humbrecht.

Fr. Marthan. Bey dem! was! beym Metzger Humbrecht? — ey! was sie mir nit sagt da — so muß sie denn auch seine Tochter kennen, gelt?

Evchen. Zu gut nur, leider!

Fr. Marthan. Ja wohl leider! — man soll zwar niemand richten, aber — es muß doch kein [104] guter Blutstropfen in ihr gewesen seyn, sonst hätt sie das nit gethan! — gestern auf der Britsch ist ein langes und ein breites davon erzählt worden. — Wenn ein Weibsbild sich so weit verleiten läßt, daß sie gar in Burdels geht —

Evchen. Was sagt sie! Gott! sie wär in ein Bordel gegangen?

Fr. Marthan. Ja, ja! — ihr wird sies freilich nit auf die Nas gebunden haben — mit einem Uffezier ist sie 'neingangen, und die Mutter mit, das ist noch die schönste Zier; die ganze Stadt ist voll davon, man hat mir auch das Haus genennt, habs aber wieder vergessen; — und da hat sie und der Uffezier der Mutter etwas zu trinken gegeben, daß sie einschlief. Warum sies gethan haben, ist leicht zu denken. — Und da soll ihr der Mußie die Eh versprochen haben; — wie aber die Herren sind, ein ander Städtel ein ander Mädel! — jetzt blaßt er ihr was, und da hat sie sich ins Wasser gestürzt — gestern früh hat man sie in der Wanzenau gefunden.

Evchen. Ersäuft! ha! wenns doch wahr wäre!

Fr. Marthan. 'S ist leider! nur zu wahr; — wie ich ihr sage; ich wollt, es wäre nicht!

Evchen. Warum? so wär sie doch der Quaal nun los.

Fr. Marthan. Sie redt, glaub ich, auch, und — weiß nit was? Es hat sich wohl — der Quaal los! ja profit b' Mahlzitt! — Und nur vom [105] Schimpf zu reden, wenn sie sie heut oder morgen hereinbringen — ich geh ihr

doch auch zu gefallen, 's soll ein bildschön Mädel seyn —
wer weiß! wer weiß! ob sie unsre gnädige Obrigkeit nit,
den andern zum Exempel, gar durch die Stadt schleifen läßt;
wie den Muttermörder, der sich vor ein Jahrer zwey oder
drey im Thurn selbst erhenkt hat, auch.

Evchen. Muttermörder! gibts Muttermörder?

Fr. Marthan. Obs ihrer gibt? wie das gefragt ist!
— Weiß sie denn nit mehr, der Kerl, wie hieß er doch?
der seiner Mutter die Gurgel wollt abschneiden —

Evchen. Ja, ja! ich besinn mich; — seine Mutter war
eine Hure, er ein Bastert, im Bordel gezeugt, das warf
ihm einer im Trunk vor, da gab er seiner Mutter den Lohn,
der ihr gebührte; — ich erinner michs gar wohl.

Fr. Marthan. Bey Leibe nicht! — sie ist ganz irr
dran — er wollte Geld von ihr haben.

Evchen. Recht! recht! — er hatte Hunger und Durst;
wollte sich einen Milchweck kaufen und ein Glas Bier dazu,
die Mutter konnts ihm nicht geben, da wollt er ihr das
Geld aus den Rippen schneiden, — und das ward ihm
versalzen!

Fr. Marthan. Ist sie närrisch? — halb förcht ich mich
allein bey ihr zu bleiben. — — Ich wills ihr besser sagen,
wies zugieng: er war von Jugend auf ein böser Bub, verthat seiner Mutter viel Geld, sie war eine kreutzbrave Frau,
ich hab ihr zehn Jahr wäschen helfen, bis mich die Anne
Mey ausbiß, wie das zugieng, das will ich ihr ein
andermal erzählen, es gieng um einen lumpichten mußlinenen
Halsstrich an, der mir beym Ausschwenken davon schwamm
— da gieng er nun unter die Kayserlichen, und von da,
denk ein Seelen=Mensch! — gar unter die Preußen; disertirte
aber auch da, und kam wieder heim. — Da triblirte er nun
seine Mutter so lang, bis sie ihm endlich von Obrigkeitswegen das Haus verbieten ließ, denn er hat sie mehr als
einmal wie einen Hund durchgeprügelt: — Damit war denn
alles gut ein paar Wochen lang, da kam er einmal 's mor-

gens früh wieder, und gab die besten Worte, verſprach recht
ordentlich zu ſeyn, und kurz, er bat wieder um gut Wetter.
— Sein Mutter, die ſich nichts bös träumen ließ, fing an
die bittern Thränen zu weinen, und greift in Sack und gibt
ihm einen ganzen kleinen Thaler — 's iſt viel Geld ſchon,
ich verdien in vier Tagen manchmal ſo viel nit! — Drauf
ſchickt er — weis nit mehr, was er für einen Pretex nahm,
die Magd fort; und, kaum daß er allein war, fällt er mit
einem Scheermeſſer über ſein Mutter her, und will ihr den
Hals abſchneiden; — die wehrte ſich denn um ihr Leben,
wie ſie leicht denken kann, ſo gut als möglich, ſchrie, was
ſie ſchreyen konnt, und bekam zwey Schnitt in die Hand,
und einen — aber nit gefährlich — in die Gurgel. —
Drüber liefen die Hausleut hinzu, und zeigten denn, wie
nit mehr als billig iſt, die ſchöne Geſchichte halt an. —
[107] Und ſieht ſie, was ihm noch am meiſten den Hals gebrochen
hat, war, daß er das Scheermeſſer, damit es nit zurück-
ſchnappen ſollt, hinten am Stiel mit Bindfaden zuſammen
gebunden hatte. — Wie er denn nun trapirt war, und alles
eingeſtanden hatte, und wies ſchon drauf und dran war, daß
ihm ſein Urtheil ſollt geſprochen und ſein Recht angethan
werden, ſo ließ er ſich zwey Tag vorher noch gar vom
Satan, Gott ſey bey uns! blenden, und that ſich im Thurn
mit eigner Hand ein Leids an. — Da gings ihm dann,
wie ich geſagt habe. — Sein Vetter, der Rathsherr, ein
grundreicher Mann dort in der langen Straß, hätt tauſend
Thaler darum gegeben, wenn ers dahin hätt bringen können,
daß er in der Still wär begraben worden. So mußt er
aber den Spektakel ſelbſt mit anſehn, wie er vor dem Haus
durch den Schinder vorbeygeſchleift wurde. Der Kopf plozte
hinten auf den Steinen auf, daß mans nit mit anſehn
konnte. — Es war greulich, wie ich ihr ſage. — Aber ſo
Leuten geſchichts ganz recht, warum beten ſie nicht? — —
(mit vielbedeutender Miene) Ich förcht, ich förcht, es möcht
ihrer Mamſell, bey der ſie war, auch nicht beſſer gehn. Sie
iſt ſo gut eine Muttermörderinn, als —

Evchen (die während obiger Erzählung, wie ſinnlos auf dem

Bett faß, und nur ihr Kind anfturte, auffahrend.) Muttermörderinn! — ich eine Muttermörderinn?

Fr. Marthan. Sie! wer sagt denn von ihr? [108] von ihrer gewesenen Jungfer, von's Humbrecht seiner Tochter red ich.

Evchen. Nun, ist denn die es?

Fr. Marthan. Sie ists, und ists nicht. — Freilich die Gurgel selbst hat sie ihr nicht abgeschnitten, aber — das Messer nah genug doch dran gesetzt. — Hätt sie sich in der Ordnung aufgeführt, so wär ihre Mutter nicht vor lauter Schagrin gestorben —

Evchen. Meine Mutter! gestorben! — und ich schuld dran. (sinkt in die Kniee, und fällt zur Erden, Frau Marthan lauft ihr zu Hülf.)

Fr. Marthan. Barmherziger Gott! was soll das denn seyn? das Mensch macht mir angst und bang. — (setzt sie wieder aufs Bett) — Wer sagt denn von ihr, oder von *ihrer* Mutter? — bald hätt ich Lust sie in Spital tragen zu lassen, eh sie mir noch einmal so einen Schrecken einjagt. Bin, Gott weiß es! ganz vergellstert! — Wie oft soll ichs ihr noch sagen, daß ich von Humbrechts Mädel red und nit von *ihr*? — Deren ihr Mutter ist gestern begraben worden, nicht ihre, die kenn ich ja nit, weiß ja noch nit einmal, wo sie her ist. — Der Vater, der Metzger, hat hundert Thaler versprochen, wer ihm Nachricht von seiner Tochter bringt. Ein schönes Geld! das kriegen die Schiffischen jetzt, die sie gefunden haben. —

Evchen (stuzt, denkt eine kleine Weile bey sich selbst nach.) Wollt sie dies Geld wohl verdienen, Frau Marthan? — könnts ihr wohl was helfen? — [109] hundert Thaler! er ist auch sehr geizig, warum nicht fünf, sechshundert! — da könnt ich doch etwas zu ihrem Glück beytragen, Frau Marthan! — geizig, sagt ich! habs auch Ursache, fürwahr! bin ich doch keine —

Fr. Marthan. Schon wieder ich!

Evchen. Ja, ja! Ich — Ich! ich bin die Muttermör-

derinn, die keinen guten Blutstropfen in sich hat, die sich im
Bordel herumwälzte, die von einem Ehrenschänder sich hinter=
gehn ließ, die hier ein säugendes Kind hat, das kaum ge=
bohren schon Vater= und Mutterloß ist, — denn wenn ich
Mutter wär, müßt ichs auch nähren können, das kann ich
nicht. — Ich bins, die, die — kurz, ich bin des Humbrechts
eigne Tochter; die, wie sie sagte, sich ersäuft soll haben: —
sie sieht, es ist eine Lüge, wollt, daß andre wär auch eine;
's ist aber leider! nur zu wahr. — Was mich freut, ist, daß
ich jetzt ein Mittel weiß euch die viele Müh, die ich euch
gemacht habe, wenigstens zum Theil zu vergelten. — Geh
sie so gleich zu meinem Vater, Frau Marthan, sag sie nur,
ich, die Eve schickte sie, er sollte ihr die hundert Thaler
auszahlen. — Es wird ihm wenig Freud machen — aber
— geh sie, Frau Marthan, geh sie gleich —

Fr. Marthan. Ach, du lieber Herr Gott! nein! das
hab ich wärli nit um sie verdient, — so gut und so un=
glücklich — verzeih sie mir ja alles, was [110] ich da sagte
— ganz gewiß ist sie verführt worden — sonst wär sie nie —

Evchen. Das bin ich, bin verführt, übertölpelt worden,
da ich mirs am wenigsten dachte. Sie hats ja selbst erzählt;
das Ersäufen ausgenommen, ist alles wahr, alles! nur muß
ich ihr noch sagen, daß ich nicht wußte, daß wir in einem
so schönen Hauß waren, noch weniger hab ich am Schlaftrunk
Antheil gehabt. — Diese zwey Umstände, die ich von ihr
erfahren, zeigen mir die ganze schwarze Seele des Nieder=
trächtigen, der mich so tief herabsetzte. — Noch blieb mir
immer wenigstens ein Schatten von Hofnung übrig, nun ist
auch der verschwunden, und mit ihm alles — nun kann ich
nichts mehr, als — (stoft, sieht mitleidsvoll ihr Kind an.)

Fr. Marthan. O sie kann noch glücklicher wieder werden;
vielleicht kommt er doch wieder, wo sie sich gar nicht ver=
muthet.

Evchen. Wieder! — Er sollte wiederkommen! Frau
Marthan, sieht sies, ich bin nur ein Weibsbild, aber —
wenn er wiederkommt, mir wieder unter die Augen tritt, so

stoß ich ihm mit der einen Hand diesen Brief hier, sieht sie
— (zieht ihn aus der Tasche) unter die Nase, und mit der
andern bohr ich ihm ein Brodmesser ins Herz. — Er hats
um mich verdient! — vorher hab ich ihn (auf den Brief deu=
tend, und ihn wieder einsteckend) nicht ganz verstanden; sie hat
mir erst die Augen [111] geöffnet. — Jetzt geh sie, Frau
Marthan! geh sie! ich bitt sie darum.

Fr. Marthan. Hundert Thaler wär mir freilich ein schönes
Kapetal; hab mein Lebtag nit so viel beysammen gehabt,
aber ich thät mich Sünd förchten, sie jetzt allein zu lassen.

Evchen. Warum, Liebe? — Seh ich vielleicht etwas
erhitzt, etwas aufgebracht aus? — Das thut es mir zu zeiten,
wenn ich an den Treulosen denk; 's ist aber gleich wieder
vorbey, nur ein Uebergang — jetzt bin ich schon ganz ge=
lassen wieder — nur ein bischen schwach — geh sie, sag sie
meinem Vater, ich lebte noch, morgen sollt er mehr von mir
hören: — wenn er ihr Geld gibt, bring sie was fürs Kind
mit, es kann kaum mehr schreyn, so matt ists; — geh sie,
geh sie! jeder Augenblick ist mir jetzt theuer —

Fr. Marthan. Na denn, dem armen Kind zu gefallen
will ich geschwind hinten herum springen; in weniger als
nichts bin ich wieder zurück, und bring ihm ein Stück Zucker=
borsch mit.

Evchen. Das thu sie, Frau Marthan: komm sie ja bald
wieder, sonst möchts zu spät seyn.

Fr. Marthan (im Abgehn.) Zu spät? —

Evchen. Es wird ja so schon dunkel — (Frau Marthan
vollends ab.) — mir vor den Augen! war mirs schon lang.
— Fast war mir bang, ich brächte sie mir nicht vom Hals.
— Ja! was wollt ich doch? — warum schickt ich sie aus?
— Mein armes bischen Verstand hat, glaub ich, vol= [112]
lends den Herzstoß bekommen! — (das Kind schreyt wieder.)
Singst du? singst? singst unsern Schwanengesang? —
sing, Gröningsedchen! sing! — Gröningseck! so hieß ja dein
Vater; (nimmts vom Bett wieder auf und liebkost) — Ein

böser Vater! der dir und mir nichts seyn will, gar nichts! und mirs doch so oft schwur, uns alles zu seyn! — ha! im Bordel so gar es schwur! — (zum Kind) Schreyst? schreyst immer? laß mich schreyn, ich bin die Hure, die
5 Muttermörderinn; du bist noch nichts! — ein kleiner Bastert, sonst gar nichts; — (mit verbißner Wuth) — sollst auch nie werden, was ich bin, nie ausstehn, was ich ausstehn muß — (nimmt eine Stecknadel und drückt sie dem Kind in Schlaf, das Kind schreyt ärger, es gleichsam zu überschreyn singt sie erst sehr
10 laut, hernach immer schwächer.)

   Eya Pupeya!
   Schlaf Kindlein! schlaf wohl!
   Schlaf ewig wohl!
   Ha ha ha, ha ha! (wiegts auf dem Arm)
15   Dein Vater war ein Bösewicht,
   Hat deine Mutter zur Hure gemacht;
   Eya Pupeya!
   Schlaf Kindlein! schlaf wohl!
   Schlaf ewig wohl!
20   Ha ha ha, ha ha!

Schläfst du, mein Liebchen, schläfst? — wie sanft! bald beneid ich dich Bastert, so schlafen Engel nur! — Was mein Liebchen nicht konnte! — säng mich [113] doch auch jemand in Schlaf so! — Ha! ein Blutstropfen! den muß ich weg-
25 küssen, — noch einer! — auch den! (küßt das Kind an dem verwundeten Schlaf) — Was ist das? — süß! sehr süß! aber hinten nach bitter — ha, jetzt merk ichs — Blut meines eignen Kinds! — und das trink ich? — (wirfts Kind aufs Bett) Da schlaf, Gröningseck! schlaf! schlaf ewig! — bald werd
30 ich auch schlafen — schwerlich so sanft als du einschlafen, aber wenns einmal geschehn ist, ists gleichviel. — (Man hört jemand) Gott! wer kommt? (sie deckt das Kind zu, setzt sich daneben, und fällt, da sie ihren Vater kommen sieht, mit dem Gesicht aufs Kopfküßen.)

35 **Humbrecht.** Wo? wo ist sie, mein Evchen? — meine Tochter, meine einige Tochter? (erblickt sie auf dem Bett) Ha!

bist du da, Hure, bist da? — Hier Alte! dein Geld! (wirft einen Sack hin, Fr. Marthan hebt ihn auf und thut ihn beyseite) — Hängst den Kopf wieder? hasts nicht Ursach, Evchen, 's ist dir alles verziehn, alles! — (schüttelt sie) Komm! sag ich, komm! wir wollen Nachball halten —— ja, da möcht man sich ja kreutzigen und segnen über so ein Aas: wenn der Vater zankt, so laufts davon, gibt er gute Wort, so ists taub. — (schüttelt sie noch heftiger) Willst reden? oder ich schlag dir das Hirn ein! —

Fr. Marthan (reißt ihn zurück.) Thut er doch, [114] als wenn er einen Ochsen vor sich hätt! — Kein Wunder, wenn sie die Gichter bekäm. — Kann er nicht ordentlich reden?

Humbrecht. Hast Recht, Alte! vollkommen Recht! wart! wie mach ichs? (kniet nieder vor seiner Tochter) Liebs, guts Evchen! hab doch Mitleiden mit deinem gedemüthigten Vater! verstoß ihn nicht ganz; nimm ihn zu Gnaden wieder auf! — sieh, auf den Knieen liegt er vor dir und bittet dich. — Hast beine Mutter vor der Zeit ins Grab gebracht, sey so gut, ich beschwör dich darum, und gib auch mir den letzten Stoß, mir, deinem Vater —

Evchen (die sich auf die letzt langsam aufrichtete, erblickt neben ihr das Kind, deutet drauf und fällt mit dem Gesicht wieder aufs Bett.) Da! da ist er!

Fr. Marthan (bringt eine angesteckte Lampe, stellt sie auf den Tisch, geht ans Bett, und deckt das Kind auf, eben so geschwind aber wieder halb zu.) Du lieber Herr Gott! was seh ich! das muß ich gleich gehn anzeigen, sonst bin ich verlohren. — In der Seele dauert sie mich — aber (lauft ab.)

Humbrecht (springt auf.) Da! was ist da? ein Kind! ha! wies lächelt! — **dein Kind, Evchen?** soll auch **meins** seyn! **Mein Bastert**, ganz allein **mein**, wer sagt, daß er **dein** ist, liebs Evchen! dem will ich das Genick herumdrehn.

Magister (kommt.) Bald hätt ich das Haus nicht gefunden. So, Herr Vetter! das ist brav! [115] ich seh, sie haben meinem Rath gefolgt, und ihrer Tochter verziehen.

Humbrecht. Das hätt ich auch ohn ihn gethan, Vetter! — ein Vater bleibt immer Vater, und ists da oft am meisten, wo ers am wenigsten scheint.

Magister. Jetzt ist es mir doppelt lieb, sie so disponirt zu finden; sie sollen gleich erfahren, warum? Nur muß ich mein Bäschen bitten, auch zuzuhören; es geht sie am meisten an.

Evchen. Mich? — auf dieser Welt geht mich nichts mehr an, Herr Magister! ich schwörs.

Humbrecht. Für nichts, für nichts geschworen, meine Tochter! — schau! ich schwur auch dir Arm und Bein entzwey zu schlagen; und jetzt bin ich, Schwur hin, Schwur her! doch froh, daß ichs nicht gethan habe.

Magister. So denk ich auch; ein Umstand kann viel ändern. — Hören sie nur! — Sie lieben den Gröningseck, Bäschen?

Evchen. Ja, wie ich den Satan liebe! hab mich vor beyden gehütet, und von beyden schon anführen laßen.

Magister. Sie liebten ihn doch ehmals; sonst wären sie nicht —

Evchen. Ja, da wußt ich aber nicht, daß er mich zur Hure, zur Muttermörderinn — zur —

Magister. Das alles war weder sein Vorsatz noch weniger seine Schuld —

[116] **Evchen.** So! — sind sie auf einmal sein Advokat? — wie lang wohl noch? Hier (aufs Kind deutend) liegt meiner.

Magister. Ich bin sein Advokat nicht allein; ich meyn, ich meyn, in ihrem eignen Herzen wird sich noch einer vorfinden. Kurz zu seyn, Gröningseck liebt sie noch eben so zärtlich, als je; eine tödtliche Krankheit hielt ihn ab, auf die bestimmte Zeit einzutreffen — von dem Brief, den ich ihnen vorgelesen, Herr Vetter! weiß er kein Wort; ich wieß ihm den Umschlag, da fand sichs, daß es des Lieutenant Hasenpoths Hand und Siegel ist: Er zeigte mir andre Briefe von dem nemlichen, die voller Unwahrheiten von Evchen waren: Da er selbst Unrath merkte, machte er sich, kaum halb wieder hergestellt, auf den Weg. Vor einer Stunde stieg er im Raben ab, und ließ mich zu sich rufen; — wir sahn sie in größter Eile vorbeylaufen, muthmaßten die Ursache und giengen ihnen von weitem nach. — Wollen sie ihn selbst sprechen? —

Humbrecht. Wenn er sie heyrathen, ihr die Ehre wieder geben will, ja! sonst soll er mir, wenn ihm Nas und Ohren lieb sind, nicht vors Gesicht kommen.

Magister. Das will er.

Evchen. Und wann er zehnmal will, so wollt ich doch lieber den Scharfrichter sehn.

Magister. Er ist aber unschuldig! kanns ihnen beweisen.

[117] **Evchen.** Desto schlimmer! so fällt die Schuld alle auf mich. (steht auf vom Bett) Der Brief hier! (wirft ihn in die Stube) — Der Teufel hat ihn geschrieben — meine eigne Herzensunruh, die Furcht vor ihm, mein Vater, der Gedanken, meine Mutter gemordet zu haben — dies, und o was alles noch mehr! brachte mich in Verzweiflung — ich wollte mir aus der Welt helfen, und hatte nicht Entschlossenheit genug selbst Hand an mich zu legen; jetzt mags der — Henker thun! — Mein Kind ist todt, todt durch mich —

Magister. Gott! ists möglich? — (das Kind betrachtend) Wahrhaftig! — Gerechter Gott! wie tief kann dein Mensch herabstürzen, wenn er einmal den ersten Fehltritt gethan hat! (Humbrecht steht mit geschlungnen Armen, guckt Evchen, dann das Kind starr an; Evchen scheint weder zu sehn, noch zu hören; von Gröningseck stürzt noch im Reisehabit plötzlich herein.)

Evchen. Gott! das fehlte mir noch!

v. Gröningseck. Wie bestürzt alle! wie blaß! — was ist zu thun hier? — was gibts?

Humbrecht. Ein Bißel Arbeit für den Stoffel, sonst nichts! — Gott! ich meyn, der Münsterthurn läg mir auf dem Herzen, so schwer fiel mir das auf. — Jetzt kann ich nur auch Rattenpulver nehmen! — Hier! (den Lieutenant zum Kind führend) hier! wenn sie ein Vaterherz haben, meins ist geborsten. — Adieu! am armen Sünder Häußel [118] seh ich dich wieder, Eve! sag dir das letztemal Adieu!

v. Gröningseck. Wie! Evchen, sanftes Evchen! sie hätten mit eigner Hand ihr Kind — mein Kind — nicht möglich! —

Evchen. Nur zu möglich, mein Herr! — aber eh sie mir weitre Vorwürfe machen, lesen sie den Brief dort — und dann sollen sie sprechen.

v. Gröningseck (hebt ihn auf.) Auch wieder die Hand von Hasenpoth! (sieht nach der Unterschrift) in meinem Namen! — (guckt ihn über) Das andre kann ich mir denken. Wart! Kanaille! mit deinem Blut sollst du es abbüßen, noch eh eine Stunde vergeht. (will ab, stößt unter der Thür auf den Fiskal; Fausthämmer bleiben an der Thür.)

Fiskal. Nicht von der Stelle, mein Herr! eh der procès verbal aufgesetzt und unterschrieben ist. — (zu den Fausthämmern) Hat einer von euch porte chaise und Wache bestellt? (ein Fausthammer ab.)

v. Gröningseck (stellt sich wieder zum Magister.) Der niederträchtige, feige Verräther! — Glauben sie jetzt bald, Magister, daß es Fälle gibt, wo Selbstrache zur Pflicht wird? — (Magister zuckt die Schultern) Wo ist der Staat, in dem solche Ungeheuer, solche Hasenpoths, die unter der Larve der Freundschaft ganze Familien unglücklich machen, nach Verdienst bestraft werden? — Ha! wie will ich mir wohl thun! mit welcher Herzens- [119] wonne will ich mich in seinem Blut herumwälzen! —

Magister. Es wäre menschlicher, glaub ich, wenn sie darauf bedacht wären, diese arme Betrogne vom Schavott zu retten, als Verbrechen mit Verbrechen zu häufen.

Fiskal. Ja, da rettet sich was! — Das Gesetz, welches die Kindermörderinnen zum Schwerdt verdammt, ist deutlich, und hat seit vielen Jahren keine Exception gelitten; ist nun das Faktum, wie es der Anschein gibt, auch klar, so können sie die Müh sparen.

v. Gröningseck. Und ihnen nebst ihrer ganzen kriminalischen Unfühlbarkeit zum Trotz, mein Herr! will ich mich heut noch auf den Weg nach Versailles machen, bey der gesetzgebenden Macht selbst Gnade für sie auszuwürken, oder —

Evchen. Gnade für mich! Gröningseck! wo denken sie hin? — soll ich zehntausend Tode sterben! — lieber heut als morgen.

Fiskal. Nur halb so hitzig, Herr Lieutenant! freilich! es kommt vieles auf die Umstände an! — (Blutschreiber und Geschworne kommen.)

Evchen. Sagt ich nicht, Gröningseck! mein Schicksal wäre mit Blut geschrieben? —

v. Gröningseck. Es wärs nicht, wenn du mir getraut, deiner Melancholie dich weniger überlassen, etwas mehr an die Tugend geglaubt hättest — oder ich etwas weniger.

[120] **Magister** (sieht beyde wechselsweis mitleidig an.) Sich vor mir so zu verbergen!

Humbrecht (reißt sich die Westenknöpf alle auf.) Die ganze Welt wird mir zu enge! — (tief Athem hohlend) Puuh! — (klopft dem Lieutenant auf die Schulter) Wenn sie Geld brauchen, mein Herr! Reisegeld! sie verstehn mich doch? — tausend, zwey, dreytausend Gulden auch liegen parat zu Hauß! — und zehntausend gäb ich drum, wenn der Ball mit allen seinen Folgen beym Teufel wär! —

E N D E.

Anhang I.
Aus K. G. Lessings Bearbeitung.

Vorrede.

Der Director der hiesigen deutschen Schaubühne ist von sehr vielen oft angegangen worden, das Trauerspiel die Kindermörderinn auf seinem Theater zu geben: ungeachtet wiederum viele die Aufführung desselben, so wie es in Leipzig im Druck erschienen, für unanständig und unmoralisch halten.

In wie weit beyde Recht und Unrecht haben, könnte ein genaues Urtheil dieses Stücks wohl entscheiden.

Nur müßte man vorher nicht ununtersucht lassen, ob es nach den allgemeinen und besonderen Regeln des griechischen oder französischen Trauerspiels, oder des so genannten historischen Drama zu beurtheilen wäre. Es würde sich da vermuthlich finden, daß eine Beurtheilung nach deren Regeln und Voraussetzung hier ebenso passe, als den Reiter nach den Regeln des Tänzers zu loben oder zu tadeln.

Man würde also genöthigt seyn, die wesentlichen Regeln zu der Gattung Schauspiele, wie diese Kindermörderinn ist, erst festzusetzen: und wäre diese Arbeit glücklich von statten gegangen, so würde man wohl nicht leugnen können, daß sie zwar der Phantasie des Dichters sehr behaglich; aber Lesern und Zuschauern desto unwichtiger wäre.

Gleichwohl kann man unmöglich diese Kindermörderinn unter die uninteressanten Stücke rechnen. Man müßte also zeigen, daß ein vortrefflicher Kopf allzeit etwas besters, auch nach einer sehr schlechten Form hervorbringt, als ein seichter Kopf nach der besten, die er sich niemals selbst denkt, sondern nach der er blindlings arbeitet, welches er oft, um sich auf eine erbare Art eine Schmeicheley zu sagen, seinen Geschmack nennt. Man würde auch nicht zu erinnern vergessen müssen, daß die Neuheit einer Sache oft das Angenehmere und Bessere dessen, was wir so zu sagen, alle Tage haben, überwiege.

Allein in unsern kritischen Zeiten sind Untersuchungen dieser Art die allerunwillkommensten. Die Abneigung gründlich zu prüfen, und hierinn den Physiologisten zu hören, herrscht jetzt gleichstark mit der Sucht zu kritisiren. Dieß ist zwar der offenbarste Widerspruch; aber leider! mag er nicht der einzige seyn.

Wir haben jetzt so mancherley Stücke, worinne so viele Schönheiten sind, obgleich das Ganze und der Ton derselben überhaupt verwerflich ist. Sie verdienen, zum Theil sage ich, gewiß die Untersuchung und Zurechtweisung eines Philosophen. Ja, sagt man, die Verfasser wollen dergleichen Untersuchungen nicht; und würden sich auch nicht daran kehren. — Alle? Woher weiß man das? Und wenn sie sich daran auch nicht kehrten, ist denn sonst niemand in der Welt? Diese alle freylich würden es nicht gerne sehn, welche zu einem bessern Werke, als ihre erste Schriftstellergeburt war sich nicht fähig fühlten; aber die übrigen anderen alle gewiß! Nur müste man diese Verfasser nicht mit dem stolzen Schulmeisterblicke, noch mit dem selbst zufriednen Hohngelächter in kurzen Anzeigen, wie es jetzt Mode geworden, wie einen armen Studenten, den Kammermädchen und gnädige Frau zum Hofmeister untüchtig halten, kaltblütig oder gar verächtlich abweisen. Wenn dem Philosophen einige Willkührlichkeiten, oder wenigstens Forderungen, die an und für sich gerecht, aber wider, oder über die besondere Beschaffenheit der Seelenkräfte dieses oder jenes Dichters wären, mitten unter seinen gründlichen Betrachtungen entschlüpften, so müßten nicht kritische Nachbeter kommen, und auf eines so gut bringen wollen, als auf das andere.

Es ist nicht zu viel gesagt, daß keine Recension die über das Stück Götz von Berlichingen an, bis auf den Simsone Grisaldo, erschienen, wo man diese ganze Gattung oder ein Stück davon, mit einem psychologischen Auge beschaut hätte. Alles was die Kunstrichter sagen, sind solche Lappereyen von Bemerkungen, die man vom ersten besten Zuschauer zwischen Akten am Punschnappe hören kann. Will man sie da berichtigen, recht gut! Aber dergleichen zu drucken, und stolz darauf zu seyn, oder sich gar einzubilden, man habe alles gethan, was man thun kann, um diese zügelfreye Schriftsteller auf den rechten Weg zu führen, heißt doch seine armseelige Kurzsichtigkeit verrathen. Oder ist man völlig überzeugt daß der fleißig lesende Theil der am wenigsten denkende ist?

Aber unsre guten Philosophen haben vielleicht alle Hofnung von dem deutschen Theater aufgegeben. Warum sollten sie Zeit und Denken darauf verschwenden, da sie jezt wichtigere Vorwürfe haben. Physiognomik, wo das schöne Gesichtchen Tugend, und das häßliche Laster heißt; Gaßnerische und Schröpferische Alvanzereyen, mit denen so viel alte Weiber in Staatsperucken und seidenen Westchen genarrt worden und noch genarrt werden; Erziehungsanstalten, wo auch der Bube, der von Natur zum Gänsehüten bestimmt ist, doch noch zum Staatsminister gebildet werden soll; oder wo das Knäbchen im zehnten Jahre so fertig zu plaudern gelehrt wird, als ein Knäbchen von vierzig Jahren.

Wenn es so ist, so muß man sich an denen schon begnügen, die jezt für unser Theater arbeiten, und urtheilen.

Einige spotten der nothwendigen Regeln welche aus der Beschaffenheit des zu behandelnden Stofs und unsrer menschlichen Seele fließen, eben so wie der willkührlichen, die bloß auf altem Herkommen ruhen. Sie reden nur immer von Urkraft und Genie, meynen im Grunde aber damit weiter nichts, als daß ein Mann von starker Empfindung und Einbildungskraft alles hin schreiben und drucken lassen soll, was ihm Hitze und Laune eingeben. Gleichsam als wenn die übrigen Menschen von wenigerm Gefühl und weniger Einbildungskraft nur da wären, alles zu bewundern, was so genannte Genies zu rasen belieben; weil jene auf alle Fälle so stark doch nicht rasen können, als Genies. Oder als wenn Genies nicht mit unter sehr plattes, elendes und unrichtiges Zeug aushecken. Oder muß man dieß nothwendig mit anhören; so wie man vom Metzger nothwendig Zulage mitnehmen muß? Die Fruchtbarkeit dieser Genies, die ohne Regeln es nur seyn können, gleicht einem Boden, auf dem gutes Getreyde mit einem Zweybrittel Wicken und Unkraut wächßt.

Andere sind zwar nicht von so großem Widerspruche und Stolze: sondern kurzsichtig genug zu glauben, wenn sie einige allgemeine Lehrbücher der Aesthetik ziemlich memorirt, und beym Schlafengehen täglich eine gute Portion ausführlicher und kurzer Recensionen, so wie sie die Bibliotheken, Journale und Zeitungen bescheren, zu sich nehmen, daß sie nun schon alles wissen, und nur um der Deutlichkeit und Ordnung willen, wie der Krämer, eine Art von Gewicht und Elle bey haben müßten. Ein Stück, das nicht, nach ihrem Maaße abgemessen, oder auf ihrer Probecharte steht, wenn es sie auch noch so sehr von Herzen zu lachen gemacht, intereßiret und gerührt hätte, bleibt in ihren Augen doch Aesthetische Konterbande, und je reichhaltiger, schöner und besser sie ist, desto verbrechlicher machen sie sie.

Mit der dritten Art Dichter und Urtheiler ist man eigentlich gleich fertig, oder wird niemals fertig. Ihnen ist alles schön und gut, was ihnen gefällt: und ihnen vorzustellen, daß ihnen das und jenes nicht gefallen oder gefallen müßte, wenn sie selbst eine gute und schöne Seele hätten, darüber zu lachen besitzen sie Eigendünkel genug.

Nun mag es wohl auch eine ziemliche Anzahl solcher geben, die in allen diesen drey Arten versucht sind, und jede anwenden, so wie sie Belieben haben, oder es die Umstände verlangen. Es sind theatralische Sophisten; sie scheinen scharfsinniger, als sie sind.

Ungeachtet aller dieser zu erwartenden Urtheiler hat man es gewagt, die Kindermörderinn für das hiesige Theater abzuändern; man verbittet aber feyerlichst, es für Verbesserung auszugeben. Es wäre denn, daß eine solche Umdichtung einen Einfall veranlassen könnte, den Abänderer zu verlachen. Denn der lachen kann, sagt man, hat meistens Recht; und sind vollends viele Mitlacher, so wäre es ewig Schade, wenn man ihnen dieses Vergnügen nehmen wollte.

Doch etwas von der Abänderung selbst. Der Abänderer glaubt, der Verfasser, den er nicht die Ehre hat zu kennen, habe mit seiner Kindermörderinn ein Stück geliefert, wobey auf die Zuschauer und den Schauplatz gar keine Rücksicht genommen wird. Die Begebenheit des unglücklichen Mädchens ist aus dem allgemeinen Weltlaufe mit allen wichtigen und unwichtigen, zur Hauptsache viel, oder so viel als gar nichts beytragenden Nebenumständen gleichsam gewaltthätig herausgerissen worden, ohne doch das zu thun, was Dichter wenigstens thun sollten, das, was die Hauptabsicht mehr hindert, als befördert, abzuschneiden. Er scheint auch unbekümmert gewesen zu seyn, ob er in edle Charaktere Züge einflechte, die das Edle derselben ganz unscheinbar machen, oder nicht. Dafür beobachtet er die Lokalität so sklavisch, daß jedes unrichtiges Wort, jede falsche Redensart, jede kahle Wendungen des Ausdrucks an dem Orte, wo die Kindermörderinn spielt, von ihm so begierig aufgenommen wird, als was jede Provinz charakteristisch gutes eigen hat. Und das thut er nicht allein in Ansehung der Sprache, sondern auch der Sitten und Charaktere. Er scheint keine andere Absicht zu haben, als eine Begebenheit in dem Anfalle seiner poetischen Laune in verschiedene Unterredungen bringen haben zu wollen.

Er macht es just wie ein mittelmäßiger Maler, der um eine recht handgreifliche Aehnlichkeit herauszubringen die ordentliche Schönheit seines Gegenstandes verabsäumet. Man wird beobachtet haben, daß diese außerordentlich große Ähnlichkeit der große Haufen höher schätzt, als die wahre Schönheit, und dadurch auch mancher sehr guter Maler mit dahin gerissen wird. Was wunder, wenn es manchen jetzigen guten Dichtern eben so geht, zumal da sie glauben, dadurch ganz neu zu seyn, und zu ihrem Fluge freyeres Feld sehn?

Ein solcher Dichter hat also keine andere Regel, als sich in Feuer und Enthusiasmus zu setzen, und sein Stück zu lassen, wie es in der ersten Begeisterung ausgefallen. Ob sie bald in die poßierliche und komische Laune geht, bald wieder ganz tragisch und ernst ist, kümmert ihn nicht: genug er bringt alles in ein Stück, wie die Haushälterinn allen Vorrath in ein Gewölbe, und wer das sehen will, der muß freylich zuweilen Aug und Nase zuhalten.

Es herrscht daher in solchen Stücken ein disparater Ton, und man empfindet es ohne Erinnerung daß der Verfasser bald lustig bald traurig gewesen, ob er gleich nach dem Bedürfniß des Inhalts ganz etwas anders seyn sollen.

Dieß heißen die Deutschen jetzt S h e k e s p e a r i s i r e n. Ich glaube auch, daß sichs mit Beyspielen aus etlichen Stücken dieses Dichters belegen lassen mag; aber gewiß nicht aus seinen guten. Und wenn es nun auch mit diesen angienge, so seh ich doch nicht, warum eine Autorität mehr gelten soll, als die andere. Denn wer ist wohl ein blinderer Nachahmer, der, welcher dem Aristoteles folgt, der bey einem Stücke, wo man Furcht und Mitleiden erregen will, gewisse Vorschriften giebt, um diesen Zweck zu erreichen, oder der, welcher dem Shekespear folgt, der davon nichts gewußt, und der doch hin und her vortrefliche Situationen, meisterhafte Charaktere hat. Wie wenn er nun an allen Orten, wo er Shekespear ist, offenbar den Regeln der Kunst gefolgt wäre? Aber warum wiederhole ich Sachen, die hundertmal besser gesagt worden sind?

Der zum Theil herrschende Ton in der Kindermörderin rühret bloß von der Begierde, die völlig gemeine Straßburger Welt beyzubehalten. Jedermann der das Theater nur halb kennt, sieht, daß dieser Ton unmöglich so bleiben konnte. Ob er aber so wie er jetzt abgeändert ist, dem oft nur zu delikat gewordenen Zuschauer, der eben keine Ursache hat, darauf stolz zu seyn, erträglich geworden, muß die Aufführung lehren.

Die ganze Begebenheit zum gelben Kreuze ist zu schmutzig und plump, als daß man sie nur keuschen Ohren erzählen, geschweige keuschen Augen vorstellen könnte. Man mußte sie also weglassen, und ob das Eingeschaltete dafür Erstattung ist, mag die Aufführung gleichfalls entscheiden.

Die Scene mit dem Major, den Fausthämmern, und alles, was die unnöthige Episode mit der verlohrnen Dose der Humbrechtinn auf dem Balle veranlasset, ist Theils albernes linkes Tabagiegeschwätz, Theils elender Witz, den man höchstens dem Puppenspieler in der Schenke verzeihen kann. Sie verderben auch den Eindruck der vorhergehenden und folgenden Auftritte. Will man sagen, daß dem ohngeachtet gute, gesunde Altagsgerichte dabey wären, so kann man auch sagen, daß bey einem Gastmale, worauf man sich vier Wochen zubereitet haben will, wohl schwerlich Wurst und Sauerkraut, recht gesunde Speisen! aus der ersten besten Butike aufgetischt erwartet werden.

Die Veränderung des Charakters Hasenpoth, den man Harroth umgetauft, schien darum nöthig, weil er im Originale wie ein Mensch geschildert wird, der in allem seinem Betragen nichts weiter äußert, als daß er ißt, trinkt und flucht, und wie sein Budel liebt. Solche Leute will niemand auf dem Theater sehen, sondern in Zuchthäusern und Festungen, wenn es noch wahr ist, daß es Leute ohne eine einzige gute Eigenschaft giebt.

Mit allen diesen und andern kleinen Veränderungen hat man dieses Trauerspiel vor ehrlichen Leuten vorstellbar zu machen gesucht. Der Abänbrer sieht es für eine theatralische Fantasie an: und so wie man zuweilen gern einen großen Musiker auf seinem Instrumente fantasiren hört, glaubte er, könnte das Publikum wohl Lust haben, dergleichen von einem guten theatralischen Dichter zu hören.

[3] # Erster Aufzug.

(Ein Zimmer in Martin Humbrechts Hause.)

Erster Auftritt.

Frau Humbrecht. Evchen. (beyde in Domino.)

Fr. Humbrecht. Geh doch zu Bette, Kind.

Evchen. Ich kann nicht. Mein Herz schlägt so heftig; lauter bange Ahndung erfüllt mich — Daß Sie schlafen mußten über der Malzeit!

Fr. Humbrecht. War freylich unmanierlich. Aber das viele Tanzen hatte mich erhitzt; und das — und die paar Gläser Wein, die ich nicht gewohnt bin, müssen mir den ungewöhnlichen Schlaf gemacht haben.

Evchen. Aber zu schlafen, wenn ich —

Fr. Humbrecht. Wenn du wachst? das ist wohl großes Unrecht. O ich habe viele Nächte auch um Dich gewacht, da Du klein warst. Rechne also ab, liebes Kind, und laß es gut seyn. Komm, kleide Dich aus, lege Dich zu [4] Bette; ich will, ich kann nicht eher schlafen, als bis Du auch schläfst.

Evchen. Zu späte nun! — zu späte nun!

Fr. Humbrecht. Um desto eher mache, daß Du zur Ruhe kömmst. — Liebster Himmel! wie siehst Du aus? Nicht anders, wie Dein Vater, wenn er vor Zorn brennt, und vor Aergerniß nicht spricht. Werde nicht, wie Dein Vater; das ist ein fürchterlicher Mann, wenn er übler Laune ist.

Evchen. Gehen Sie nur, ich will Ihnen gleich nachkommen.

Fr. Humbrecht. Gewiß?

Evchen. Ja.

Fr. Humbrecht. So gute Nacht! — Aber wie grimmig
Du mich ansiehst!

Evchen. Verzeihen Sie mir.

Fr. Humbrecht. Es ist doch nichts, mit Dir auf den
5 Ball zu gehen. (ab.)

Zweyter Auftritt.

Evchen.

Rabenmutter! zu schlafen, da man auf beiner Tochter
Ehre lauert — nicht aufzuwachen, da man sie ihr nimmt:
10 da man ihr alles nimmt — nicht zu sehen, daß deine Tochter
eine Verführte, eine Verworfene geworden — Aber wenn
du's wüßtest, arme Mutter? — Wohl, daß du es nicht
weißt. — Gröningsek! Teufel in menschli= [5] cher Gestalt;
Satan unter Biedermanns und Freunds Gestalt! wenn du nicht
15 alles gut machst, wie du gesagt — Gröningsek! Gröningsek!

Dritter Auftritt.

v. Gröningsek. Evchen.

v. Gröningsek. Liebste! Sie haben sich noch nicht beruhigt.

20 Evchen. Ist es Ihr Schatten, oder sind Sie's selbst?

v. Gröningsek. Erstaunen Sie nicht, daß ich noch so spät
zu Ihnen komme. Ich trat eben zur Hausthüre hinein; denn
so lang hat mich der Graf Schipp, der mich bey unserm
Aussteigen anredete, aufgehalten: ich gehe bey Ihrer Stube
25 vorbey, und höre Sie Gröningsek schreyen, mit einem Tone
der fürchterlich war.

Evchen. Hörten Sies? Gegen diesen Namen sind mir
alle Worte der Verdammniß Musik!

v. Gröningsek. Um was bat ich Sie aber?

Evchen. Um mein Verderben? Und hab ich's Ihnen nicht gewährt? Frohlocken Sie! Was lernte ich nicht an dem Orte kennen, wo Sie mich zu Schanden machten. Es war ein Ort!

v. Gröningseck. Ich hab Ihnen und Ihrer Mutter schon hundertmal im Wagen betheuert, daß es ein Ort ist, wo die Vornehmsten Partien machen, die größten Picknicks gehalten wer= [6] den, und der Zusammenfluß aller vornehmen Ausländer ist.

Evchen. Und freylich vornehm sind Sie!

v. Gröningseck. Ich bin der Ihrige, und dieß soll künftig mein ganzer Stolz seyn.

Evchen. So weiß ich schon, wo wir waren, an einem verfluchten Orte, wo Sie gegen mich das Recht der Gastfreyheit, der Freundschaft und der Edelmuth brachen; kurz an einem Orte, den bey seinem rechten Namen nur der Ausgeartetste Ihres Gelichters zu nennen nicht erröthet.

v. Gröningseck. Welche ausschweifende Einbildung! ist es Ihnen Kleinigkeit, ein ehrliches Haus in übeln Ruff zu bringen; mich in Ihren Augen bis zum pöbelhaften Verführer herab zu würdigen?

Evchen. Wenn es kein solches Haus war, warum kam denn kein Bedienter, Aufwärter, als ich heute, mich sträubte?

v. Gröningseck. In der Nebenstube hörte es Ihre Mutter nicht, wie sollten es die Hausleute gehört haben, die diesen Abend vielleicht noch dreyßig Partien zu besorgen hatten?

Evchen. Mutter! Mutter! das Gewinsel deiner Tochter nicht zu hören!

v. Gröningseck. Aber es betrübt mich in der Seele, daß Sie mir eine geschehene Sache so hoch aufmutzen. Ich will sie ja wieder gut machen.

Evchen. Kann sie wieder gut gemacht werden? Können Sie eine Blume zertreten, und sie wieder aufstehn machen?

[7] **v. Gröningseck.** Mit Ihren romantischen Begriffen! lasen sie nur darum Romane?

Evchen. Ich las sie auch, um mich vor Verführung und Schande zu hüten; die Fallstricke kennen zu lernen, die man unserer Ehre legt, und durch anderer Erfahrungen rechtschaffener zu seyn. Und mir Betrogenen, hat alles das nichts geholfen. Gewissensangst, die ich vorher nicht kannte, von der ich mir keine Vorstellung zu machen im Stande war, Scham vor mir selbst und vor der ganzen Welt, hab ich durch Ihre teuflische Lockungen kennen gelernt; fühle sie. — O wenn Sie einen Augenblick so fühlten, wie ich!

v. Gröningsek. (gerührt) Nun was soll ich denn thun? Liebste, und ich will es gestehn, von mir Beleidigte! ich kann, ich will ja alles wieder gut machen. Nur mäßigen Sie Ihren Schmerz; seyn Sie verschwiegen, verlassen Sie sich auf meine Rechtschaffenheit. Bey dem gerechten Himmel! wenn ich mir von nun an mein Glük ohne das Ihrige denke, so werde ich das Hohngelächter der ganzen Welt.

Evchen. Ach Gröningsek! wäre doch das Zimmer, indem wir mit einander allein waren, über mich zusammengestürzt. Meine Aeltern würden mich beweinen, meine Gespielinnen und Freunde mir Kränze zu meinem Leichenbegängnisse winden.

v. Gröningsek. Kann die Unterlassung eines Bettels von Ceremonie Sie so sehr martern? [8] Denn das ist es ja alles, worüber Sie sich beschweren können.

Evchen. Was sagen Sie?

v. Gröningsek. Stoßen Sie sich nicht an meine Worte, die Ihrem Mißtrauen schon wieder Nahrung zu geben scheinen. So bald diese Ceremonie vor der Welt ein Beweiß seyn soll, daß ich Sie liebe, daß Sie die einzige sind, die sich mein Herz unter Ihrem Geschlechte erwählt, so wollte ich diese nicht unterlassen, und wenn ich damit meine Seligkeit erkaufen könnte. Diese sind Sie mir; keinen Verdacht also weiter gegen meine Rechtschaffenheit, wenn Sie mich lieben.

Evchen. Wenn ich Sie nicht liebte, würden Sie mich mit aller Ihrer List und Gewaltsamkeit so weit bringen können?

v. Gröningsek. Um dieser Liebe willen laßen Sie alles vergessen seyn. (küßt ihr die Hand zärtlich)

Evchen. (auch zärtlich) Und dann?

v. Gröningsek. Dann ist alles gut.

Evchen. Aber wie lange?

v. Gröningsek. So lange — O sehn Sie nicht in die Zukunft; der Nebel vor den Augen macht auch die schönste Aussicht unsichtbar. Das wahre Glück ist in uns selbst; das was außer uns ist, ist Blendwerk und Vorurtheil, von der Gesellschaft erdacht, Rechtschaffne zu quälen, und ihre Glückseligkeit zu vergällen. Lassen Sie die Welt reden, und uns genießen.

Evchen. (heftig) Auch meinen Vater? meine [9] Mutter? Sind das auch Leute, die mir mein Glück verbittern?

v. Gröningsek. Wenn nicht vorsetzlich, doch thätlich.

Evchen. O Gott! du hörst die Lästerung, an der ich keinen Theil habe. Ich, ich allein verbittere ihnen ihr Glük; sie haben mir hundertmal gesagt, daß ichs wäre, wenn ich tugendhaft bliebe. Und bin ichs geblieben? Meine Aeltern, solche gute Aeltern, hinterging ich! Sie müssen keine gehabt haben, oder sind von ihnen nicht geliebt worden, wenn Sie nicht mitfühlen können?

v. Gröningsek. Aber nicht aufhören können?

Evchen. Ich will aufhören. Aber was wollen auch Sie thun?

v. Gröningsek. Was Klugheit und Ehre befiehlt.

Evchen. Diese befiehlt, schleunigste Anstalt zur Heyrath zu machen.

v. Gröningsek. Könnt' ich doch, wie gern!

Evchen. Sie können nicht? Und Sie sagten mir doch, Sie schwuren mir es doch auf dem Balle, den ganzen Abend über, daß Sie könnten, daß Sie wollten.

v. Gröningsek. Ich stehe in Diensten, bin Lieutenant.

Evchen. Danken Sie ab.

v. Gröningseck. Werd' ich auch den Abschied bekommen? Und wenn ich ihn bekomme, meine Familie.

Evchen. Wenn sie rechtschaffen ist, kann sies nicht mißbilligen.

[10] *v. Gröningseck.* Sie kennen sie! Die Rechtschaffenheit hat bey den Menschen gar viele Seiten. Gewisse Leute glauben mit Geld alles berichtigen zu können; und es scheint, als wenn ihnen die übrigen Menschen, mit ihren Handlungen Recht gäben.

Evchen. Und das wollen Sie auch?
(höchst betrübt und eiligst ab)

Vierter Auftritt.

v. Gröningseck.

Was will die Närrinn? Warum lief sie? — Soll ich warten? — Nein, ich will gehn! — Kann ich entgehn? Ha, meine Galanterie scheint ein hundsföttischer Handel zu werden! Es ist wahr, meine Zunge hat Dinge gesagt, die meine ganze Vernunft nicht sieht, wie sie sie halten kann. — Hier wird Geld nichts ausrichten. Der Vater ist ein Metzger, vom Spaße mit Frauenzimmern kein Liebhaber — Und wenn es nur mit seinem Toben und Rasen gut würde, auch mit einem Metzger wollt ich fertig werden. Aber, aber wenn das arme Mädchen, um dem Zorn ihres Vaters zu entgehen, davon, in die Welt läuft, ins Elend kömmt, über mich die Hände ringt, den Augenblick verflucht, da sie mich kennen gelernt. — Nein bey Gott! das hab ich nicht gewollt, das will ich nicht! — Was kan es aber denn sonst werden? — Ha! ich habe zu [11] viel getrunken; es wirbelt mir im Kopfe; ich will doch gehn; ich werde ausschlafen, wenn ich kann; wenigstens werden sich meine Gedanken heitern. O was für Folgen von einem Augenblick Genuß!
(erschrickt, da Evchen auf ihn zu kömmt.)

Fünfter Auftritt.

Evchen. v. Gröningseck.

v. Gröningseck. Liebste, Beste, was ist Ihnen auf einmal begegnet? So zerstreut? so außer sich?

Evchen. Sie wollen mich also nicht heyrathen?

v. Gröningseck. Ich wollte nicht? Könnt ich nur!

Evchen. Quälen Sie mein Herz nicht mit dem töblichen Unterschiede von nicht wollen und nicht können. Ich wolte meinen Vater auch nicht kränken! Kann ich?

v. Gröningseck. O Evchen, was beginnen Sie wider mich?

Evchen. Nicht zu kriechen, meinen Räuber um keine Gnade anzuflehen; auch nichts von ihm zu nehmen, keine Höflichkeit, kein Andenken. Ich bringe ihm das (weißt ihm sein Bildniß) was ich mir einstmals unter so viel Kostbarkeiten, die er mir vorlegte, allein ausbat. Ich wählte mir gleich so was un= werthes, so was nichtswürdiges, da= [12] mit mirs nicht schwer würde, es wieder zurückzugeben — Ihr Bildniß! — Nun geh, Verräther, triumphire (wirft ihm das Bildniß vor die Füße; hernach in der größten Verzweiflung setzt sie sich von ihm.)

v. Gröningseck. (betrachtet Evchen mit dem größten Erstaunen vor sich) Und von allem ihrem Gram bin ich doch der Urheber allein! (zu ihr) Hören Sie mich, überlassen Sie sich nicht der Traurigkeit. — Ich biete Ihnen mein ganzes Vermögen an.

Evchen. Geh, biete es den Stadtnikeln an, die Dich ge= lehrt haben, mich für ihres gleichen anzusehen.

v. Gröningseck. (aufs äusserste betroffen) Was soll ich thun? Einen dummen Streich mit dem andern gut machen? Lächer= lich werden, damit ihr Vater gegen sie nicht zornig werde? — Da geht der Narr, den ein Fleischermädchen in das Garn gelockt, wird man sich in die Ohren zischen, wenn man mich mit ihr sähe. Aber wenn man sie sieht; ihr Vater sie zum Krüpel schlägt; sie von sich stößt; die Mutter vor Herzleid sich Leids thut; denn alles das kann kommen, wird kommen. oder ich kenne die Familie nicht. Was werden da die Recht= schaffnen sagen? „Der Nichtswürdige! Das einzige Kind,

7*

„ohne ihn, ein gutes, unbescholtenes Mädchen, zu hintergehen,
„ihr zu versprechen, was der Blödsinnige nicht Muth hat,
„ihr zu halten; er betrog sie; er verführte sie nicht." —
Und das Jammern dieses Mädchen, das mir aus Zärtlichkeit
nur mehr glaubte, als ihrem Vater, dessen Freude sie seyn
sollte. — Da sitzt sie; ihr anklagender Blick! —

[13] **Evchen.** (kömmt gleichsam aus ihrer völligen Betäubung) Und
Sie sind nicht fort? Was wollen Sie mehr? Soll Sie
mein Vater hier noch treffen?

v. Gröningsek. Wollen Sie denn nicht hören?

Evchen. Was soll ich hören?

v. Gröningsek. Daß ich Sie liebe.

Evchen. Ich verfluche Ihre Liebe; ich verfluche mich und
Sie, und die Stunde, da ich Sie kennen lernte.

v. Gröningsek. Sie werden mich nicht verfluchen. Trotz
allem, was sich dawiber setzen kann, sollen Sie die Meinige
werden, durch eine öffentliche Verbindung, mit aller Feyer-
lichkeit, die dazu gehört; ich will es aller Welt gestehen, daß
Ihre Thränen, Ihre Edelmuth, mich blos zu verachten, wenn
ich Worte bräche, mich allein auf den rechten Weg gebracht.
Alles, was ich Ihnen je von meiner Treu geschworen, wieder-
hol ich Ihnen auf den Knien. In fünf Monaten bin ich
majorenn und dann führe ich Sie an Altar. Wer kann mir
dawider seyn? Der es wagt, soll mich kennen lernen.

Evchen. Darf ich Ihnen trauen, nach dem was vorgefallen? — Doch ja, ich muß! Ich bin so herabgesunken,
daß auch die geringste Hoffnung in die Zukunft mir Trost
seyn muß. (die Thränen abtrocknend) Gut! mein Herr Lieutenant,
ich glaub Ihnen; und hören Sie meine Bedingung. — Fünf
Monate sagten Sie? Nun wohl, so lange will ich mich
zwingen, mir Gewalt anthun, daß man meine Schande mir
nicht auf der Stirne lesen soll: [14] aber! — ist es Ihr
wirklicher Ernst, was Sie geschworen haben?

v. Gröningsek. Ja, ja Evchen; so wahr ich vor Ihnen
stehe!

Evchen. (küßt ihn, reißt sich aber, so bald er sie wieder geküßt, gleich los.) So sey dieser Kuß der Trauring, den wir einander auf die Ehe geben. Aber von nun an unterstehn Sie sich nicht, mir nur den Finger zu küssen. Sonst halte ich Sie für einen Meineidigen, der mich als eine Gefallne ansieht, der er keine Ehrerbietung schuldig ist, der er mit spielen kann, wie er will. Und so bald ich das merke, so entdecke ich Vater oder Mutter — es gilt gleich wem — dem ersten dem besten, alles was vorgegangen, und sollten sie mich mit Füßen zu Staub treten! (drohender) Haben Sie mich verstanden, mein Herr?

v. Gröningseck. Liebstes Evchen, hätten Sie damit angefangen, so wär' ich an Ihnen zum Bösewicht geworden. Ihr Unwille gegen mein Unrecht, und Ihre Betrübniß und Ihre Zärtlichkeit, die sich betrogen sah, brachten mich zurück. Drohungen werden bey mir allzeit Herausforderungen, das Gegentheil zu thun. Also bestes Kind, in dem Tone nie mehr!

Evchen. Die beleidigte Tugend spricht so, und darf sie etwa nicht?

v. Gröningseck. Aber ich höre vor dem Tone die Beleidigte nicht?

Evchen. So ist es bey Ihnen Gnade, was ich für bloße Schuldigkeit halte?

[15] **v. Gröningseck.** Nein, Engelskind! das Opfer meiner Freyheit soll nur freywillig, nicht erzwungen und erlistet seyn. Wie gesagt, in fünf Monaten sind Sie durch ein feyerliches Band die Meinige. Verschwiegen also! (er will ihr die Hand küssen, besinnt sich aber) Dieses wollt ich sagen, auf eine gute Nacht! Aber dem Befehle Ihrer Delikatesse will ich gern nachleben.

Sechster Auftritt.

Evchen.

Wenn du der nachlebst, so seh ich noch die Tage, wo ich meinen Aeltern unerschrocken unter die Augen treten kan.

Aber fünf Monate in solcher Furcht und Hoffnung leben,
hartes Geschick! doch ich habe kein beßres verdient. — Gerechter Gott! züchtige mich; aber laß mich vor der Welt
nicht zu Schanden werden!

Siebenter Auftritt.

Frau Humbrecht. Evchen.

Fr. Humbrecht. Hast Du Dich noch nicht ausgekleidet?
Mädchen, Mädchen Du gefällst Dir in der schönen Kleidung.

[16] **Evchen.** Gefall ich mir? Gefall ich mir? Meine liebe
Mutter, hier zieh ich sie auf ewig aus. Kein Domino und
aller dieser Putz (indem sie alles ablegt) soll mehr auf meinen
Leib kommen. Nicht wahr, meine Mutter, einmal dem
Vater ungehorsam gewesen, ist doch nicht, dem Vater immer
ungehorsam seyn?

Fr. Humbrecht. Sey doch nicht so närrisch furchtsam.
Du bist mit mir gewesen, und wenn ihm das nicht Recht
ist — so ist es doch sonst Recht. Die Männer haben immer
was mit ihren Frauen und Töchtern. Freude und Vergnügen, denken sie, ist nur für sie und ihre Söhne.

Aus des dritten Aufzuges viertem Auftritte.

[47] **v. Gröningseck.** Allem, allem! — eh ich die Höllenpein
mit mir herumschleppen wollte! — Aber noch eins! —
(nimmt ihn bey der Hand.) Du bist der Einzige, dem ich
mein Herz geöfnet; noch ist kein Wort von alle dem, was
Du gehört hast, über meine Lippen gekommen. — Deine
Anschläge haben mich in diesen Abgrund gestürzt — dieß
ist kein Vorwurf, den ich Dir mache; Du verkanntest den
Engel, ich auch! und doch hätt ich ihn besser kennen sollen,
ich! ich allein! Du nicht! —

v. Harroth. Ich bin, wie versteinert. Sprichst Du im Ernst? Sprichst Du im Scherz?

v. Gröningseck. Da ist keine menschliche Macht, die mich von meinem Entschlusse abhalten könnte.

v. Harroth. So ist es mit Dir aus.

v. Gröningseck. Kann seyn!

v. Harroth. (nachdem er sich lange besonnen.) Erinnerst Du dich noch, wie wir einander die Brüderschaft tranken?

v. Gröningseck. Da versprachen wir, einander nichts zu verhölen; und ich verhöle Dir nichts.

v. Harroth. Wir versprachen auch einander, mit Rath und That beyzustehn; in jeder Gefahr einander zu beschützen, vor jedem Fallstrick zu warnen. — Zum Element! Du rennst mit offnen Augen, freywillig, in Dein Verderben.

v. Gröningseck. So?

v. Harroth. Wundere Dich nicht über den ernsten Ton, den ich annehme; ich weiß wohl, daß er bey mir was seltnes ist. Ich muß Dir grade [48] heraussagen: um eines Mädchen sich die ganze grosse Aussicht seines Glücks verderben, seine ganze Familie vor den Kopf stossen, und ihr durch sein eignes Unglück nachtheilig werden, wenn das nicht Tollheit ist, so kenn ich keine.

v. Gröningseck. Ha! Du willst vernünfteln? Wohl wohl! wir wollen vernünfteln!

v. Harroth. Und dann doch thun, was die Vernunft befiehlt?

v. Gröningseck. Die Vernunft des Manns ohne Vorurtheil. Ich räume Dir ein, daß ich einen Fehler begangen; daß ich um aller Liebe, die ich zu Evchen trage, es nicht gethan zu haben wünschte, was ich gethan habe. Aber kannst Du geschehene Sachen nicht geschehen machen?

v. Harroth. So muß man sich daraus wickeln, wie man kann.

v. Gröningseck. Will ich das nicht? thu ich das nicht?

v. Harroth. Aber nur auf Deine Kosten. Sie hat eben so gut gefehlt, als Du; warum soll sie also nicht mit leiden?

v. Gröningseck. Sie leidet genug durch die jetzige Angst, wenn sie ja Schuld hat. Aber ich muß Dir sagen, sie hat keine Schuld. Ich sagte ihr Schmeicheleyen; ich gieng ihr auf allen Schritten nach; ich war verliebt, und ich zwang mich, nicht etwa es weniger zu scheinen, sondern es nur mehr zu seyn. Ich führte sie auf den Ball; ich verübte da die Schurkerey; ich gab der Mutter einen Schlaftrunk, und bezwang das Mädchen. [49] Verflucht sey ich, wenn ich ihr nicht alle Genugthuung dafür gebe, und eben darum, weil ihr die Gesetze nicht genug behülflich seyn können, sie von mir mit Gewalt zu fodern. Pfui des Menschen der von Erfüllung der Pflichten redt, und der heiligsten, worauf sich alles in der menschlichen Gesellschaft gründet, vergißt, oder sie nach den andern erst kommen läßt.

v. Harroth. Da haben wir die Früchte des Stuben=hütens, des Bücherlesens! Die Pflichten gegen ein Bürger=mädchen setzest Du über die Pflichten gegen Deinen König, gegen die Landsgesetze und gegen Deine Familie.

v. Gröningseck. Ha! denkst Du, es ist unsere einzige Pflicht, sich auf des Königs Wink todt schießen zu lassen? Bruder, ich kenne noch mehrere, noch eine höhere, diese, daß wir zu keiner Zeit die Ruhe seiner Unterthanen stören, sie nicht hindern, so glücklich und vergnügt zu leben, als ihre Kräfte reichen. Und hab ich diese gethan? Lerne ganz meine Niederträchtigkeit kennen, weil mir sie eben niemand vorrücken darf. Ich ward in ihr Haus einquartiert; man fand an mir, was den guten Leuten gefiel; ich war was ich seyn sollte, freundlich und gefällig. Dieses erwekte Vater und Mutter, Tochter und Hausleuten so ein inniges Wohlwollen gegen mich, daß sie mich wie ein Kind, wie einen Freund und Herrn, dem sie nichts zu verhölen brauchten, ansahen. Sie thaten mir alle Dienste, die mit allem Gelde, das man dafür aufwiegen könnte, nicht so von Herzen geleistet werden. Selbst [50] der Alte, der so zurückhaltend gegen Leute von unserm Stand ist, ward mir geneigt, und seine Achtung gegen mich stieg mit seiner Liebe.

v. Harroth. Nun geht mir ein Licht auf. Damit haben sie Dich ins Garn gelockt.

v. Gröningsek. Damit? Laß es auch seyn! haben Sie unrechte Mittel gebraucht? Sind Sie mir hinterlistig gewesen? haben sie mich betäubt? Stand es nicht bey mir, die erste Gefälligkeit, mit der ich diese Absicht vermuthete, abzulehnen? Durfte ja nur ausziehn, nur mit einer Miene äußern, daß die Gefälligkeit des Mädchen mir mißfällig sey.

v. Harroth. Wer kann das?

v. Gröningsek. Wenn man das nicht kann, so muß man auch die Folgen ertragen, die daraus kommen.

v. Harroth. Schon recht! Aber die Folgen sind verschieden, und es steht bey uns, sie zu unserm Vortheil zu wenden; nur muß sie Deine Einbildung nicht von einer fürchterlichen Seite sehen. Sie hat dich zur Memme gegen dich selbst gemacht. Du schiebst die Gerechtigkeit vor, und es ist eigentlich die Liebe, die Dich so fantasieren läßt. Du befürchtst, Deiner Schönen könne Dein zu zärtlicher Umgang mit ihr künftig nachtheilig werden; aber hast Dus nicht in Händen, ihr ihn so vortheilhaft zu machen, als sie, ohne denselben, gewiß nicht glücklich gewesen.

v. Gröningsek. Das hab ich, glaub ich; das wünsch ich. Und doch hätte sie vielleicht einen bes- [51] sern Mann bekommen, als ich bin. Denn wenn wir uns beyde recht betrachten, so ist das Beste an uns, Einbildung, Stolz; rauh gegen alle, die nicht von unserm Stande sind; in Friedenszeiten allerliebst schöne lange Puppen, die sich zu tausend auf Eines Wink, wie eine Marionette bewegen! Der Umstand, daß die jezige europäische Staatsverfassung uns unentbehrlich macht; jeder Staat unsre Anzahl von Tag zu Tag vermehrt, macht uns freylich über alle andre Stände schätzbar. Aber wenn das Ding so fortgeht, so sind in zwanzig, dreyßig Jahren, die europäischen Reiche stehende Armeen, und die Regenten haben endlich weder Altersleute noch Fabrikanten, noch anderes bürgerliches Grob, ohne das doch die ganze Herzhaftigkeit einer Armee und der ganze Scharfsinn einer Generalität, nur ein meisterhaftes Gepräge ohne Gold und Silber ist. Da wirds dann auf einmal ein allgemeines Verabschieden geben, und sieh! wenn wir denn unter tausenden so glücklich geworden und Regimenter und schöne Ordensbänder gar hätten; würden dann verabschiedet, hätten kein Geld; denn das bischen setzen wir wohl zu, was wir etwa haben: wie alsdann? Arbeiten können wir nicht, zu zehren haben wir nichts. So was hätte doch das gute Evchen wohlhabender Bürgersleute nicht bekommen können?

v. Harroth. Nein, Bruder, bey Dir spukts (fühlt ihn an die Stirne.) Ich gebe Dir noch vier Wochen Zeit, so fort zu denken, wie Dus nennest, und jeder lauft vor Dir; und dann noch zwey Wo= [52] chen, so muß man dich in Ketten legen — (er schüttelt ihn) Wach auf! der Du schläffst, und großen Unsinn träumest.

v. Gröningsek. (hönisch) Du hast Recht! Aber so gehts, wenn wir Leute raisonniren, die wir zum Gehorchen gemacht sind. Wir finden alles anders.

v. Harroth. Was Teufel! brachte Dich auf solches Zeug?

v. Gröningsek. Ein bloßes Mädchen, ein bloßes Metzgermädchen. Und hörst Du? ich heyrathe sie doch. Was da wird gelacht, gewitzelt werden. O Harroth, es wird auch da moralisirt werden.

v. Harroth. Ich habe Dich hinter einander reden lassen, willst du mir gleiches Recht gewähren?

v. Gröningsek. O ja.

v. Harroth. Ich dächte so; bey kaltem Blute freylich; zwar mit der allgemeinen Mädchenliebe; aber bey Gott! ohne alle specielle Liebesfantasey. Es ist freylich so alltäglich, so gewöhnlich, was Dir darum eben nicht so recht behagen wird.

v. Gröningsek. Laß nur hören.

v. Harroth. Zu dem meynst Du selbst, Deine Geliebte

würde mit Dir kein großes Glück machen. Wie wär' es, wenn wir sie geschwind an einen andern verheyratheten?

v. Gröningsek. Harroth!

v. Harroth. Wer wahrhaftig zärtlich liebt, will der Geliebten Glück vor dem seinigen. Daß sie in eines Andern Arme käme, könnte Dich betrüben; [53] aber als Philosophen noch mehr freuen, daß sie in eines Glücklichern Armen läge. Der Glücklichere könnte der Magister seyn. Eine gute Pfarre für ihn wäre zu haben, wenn wir uns Mühe geben. Dein Vetter, der Marschall, sagte ja letzthin über der Tafel, daß sein guter ehrlicher Prediger nun ziemlich alt würde, und er ihm bald einen Substituten geben müsse. Höre, wenn wir zu ihm giengen, beichteten ihm die ganze Pastete. Hohl mich der Teufel! er hilft uns aus der Noth; macht ihn zum Substituten, und Dich wieder zu einem gesunden Menschen.

v. Gröningsek. Da haben wirs! den schönen Einfall!

v. Harroth. Und den ohn alles Bücherlesen; ohn alles Speculiren. Sage mir selbst, ob man nicht die guten Einfälle von ungefehr bekömmt, wie den Abel. Der meinige ist mir so gekommen, daß ich selbst nicht weiß wie!

v. Gröningsek. Dein Abel? Ich glaub es.

v. Harroth. Versteh mich doch recht; dieser mein Einfall. Und ist er nicht der schönste, beste und ehrlichste? Wird nicht Vater und Mutter mit der Tochter versöhnt? Der Magister versorgt?

v. Gröningsek. So? Darüber soll ich wohl lachen?

v. Harroth. Wenn Du vor Freuden weinen willst, weine, weine!

v. Gröningsek. Elender! — Was hat Dir der ehrliche Magister gethan, daß Du von ihm eine so nichtswürdige Idee hast? Ist er halber Denker, [54] halber Nachbeter, so weißt Du es doch am wenigsten zu beurtheilen. Sein Herz ist erhabner; sein Verstand reifer, als alle Dein Zügelloses Geschwätz. Schäme Dich einem Manne, der sich von selbst aus dem Staube winden müssen, und weniger Staub an sich hat, als Du, so hämisch hinterm Rücken Dreck nachwerfen zu wollen. Wer mir mit solchen Anschlägen kommen kann, ist meines Vertrauens unwürdig, und Schande über mir! daß ich mich Dir anvertrauen müssen.

v. Harroth. Es soll Dich doch nicht gereuen, daß ich Dein Vertrauter bin.

v. Gröningsek. Aber Dich, wenn Du bir nur ein Wort gegen den Magister von einem solchen Anschlage entfahren läßest; weder in meinem noch in eines fremden Namen. Du weißt, wenn der Officier alle Freundschaft verkennt: wenn man seine Ehre angreift, und meine Freunde sind mir nie zur Schande gewesen.

v. Harroth. O Du Heiliger in Uniform! — Noch eins!

v. Gröningsek. Nichts mehr davon! Ich muß wegen meiner Reise ausgehen, und Du kannst mich hier erwarten, oder mitgehn. (ab.)

Fünfter Auftritt.

v. Harroth.

Der Mensch rennt in sein Verderben. — Mein Freund! das thut mir weh! Sein toller Kopf hat [55] mich zwar jezt ganz rappelköpfisch gemacht; aber wenn ich meinen aufsetze, mach ich's nicht besser. — In der Trunkenheit schläft sich's auch im Rinnsteine; aber man dankt's doch in der Nüchternheit dem, der uns nicht darinn schlafen lassen. Ich muß also jezt allein für sein Bestes sorgen. Hat er doch vielen seiner Kameraden, ohn ihr Zuthun, aus ihren Patschen geholfen; mir selbst oft; also muß ich ja auch jezt ihm!

Anhang II.
Aus H. L. Wagners Umarbeitung.

Aus der Vorrede zu den Theaterstücken 1779.

I. Etwas über **Evchen Humbrecht**.

Ich schrieb vor drey Jahren eine Kindermörderinn in Form eines Trauerspiels, nicht für die Bühne, sondern fürs Kabinet, für denkende Leser: man beehrte sie mit Beyfall und mit Tadel, beydes in einem höhern Grad als ich jemals erwartet hätte; dies freute mich, — Einige philosophisch prüfende Kosmopoliten waren der Meinung, eine auf Befehl der Polizey in einem wohlregierten Staat monathlich wiederhohlte Vorstellung dieses Stücks könnte nach und nach dies immer unnatürliche nie ganz willkührliche Verbrechen an seiner Wurzel untergraben und ausrotten. Ein süsser Traum! welcher aber auch als solcher schon der Menschheit zur Ehre gereicht, und einer Probe wohl werth wäre, wenn unsre Zeiten es nur erlaubten ihn zu realisiren. Daß dieses aber jetzt und gewiß so bald noch nicht thunlich seyn würde, davon war niemand mehr überzeugt als ich. — In unsern gleißnerischen Tagen, wo alles Komödiant ist, kann die Schaubühne freilich, wie ihr schon mehrmalen vorgeworfen worden, keine Schule der Sitten werden; dies von ihr zu erwarten müssen wir erst dem Stande der unverderbten Natur wieder näher rücken, von dem wir Weltenweit entfernet sind. — Sollte dies je wieder geschehen können? Ich hoffs; denn jede zu hart gespannte Feder schnappt über und in ihre erste natürliche Lage zurück. Jetzt ist es Mode tugendhaft scheinen zu wollen, vielleicht wird man es einmal aus der nemlichen wichtigen Ursache. Jetzt hat alles keusche Ohren, der größte Haufen freche und buhlerische Augen, und ein unreines Herz: Tugend sitzt den meisten blos auf den Lippen, und giebt alle andre Zugänge der unverschämtsten Ausgelassenheit Preiß; wenn sich das einmal umkehrt, wirds wieder besser werden.

— Eh es aber geschieht, mag sich jeder wohl vorsehn eine Saite zu berühren, die so kützliche Empfindungen rege macht. Es ist boshafft und grausam Leute zum Lachen zu reitzen, die das Wasser nicht dabey halten können.

Aus diesen und andern Gründen hätt ichs niemals erwartet, daß meine Kindermörderinn irgendwo auf die Bühne würde gebracht werden; und dennoch geschah es! Der Wahrischen Gesellschafft gelang es in Preßburg ein Publikum zu finden, vor dem sie eine Vorstellung derselben mit einigen wenigen, unbedeutenden zwar aber nothwendigen — bey der Aufführung nothwendigen — Veränderungen wagen durfte.

Mit dieser unerwarteten Art von Belohnung zufrieden würde ich zeitlebens nie auf den Einfall gerathen seyn, den Stoff besagten Trauerspiels für andre oder hiesige Gegenden umzuarbeiten, wäre nicht schon vor zwey Jahren eine abgeänderte Ausgabe desselben in Berlin von dem jüngern Herrn Leßing — wie ich nachher erfahren — ohne mein Vorwissen veranstaltet worden. Zu meinem grossen Vergnügen fand die dasige Polizey auf Anrufen des Nachtwächters in Altona für gut, die Vorstellung derselben zu verbieten; wofür ich ihr den verbindlichsten Dank hier abstatte.

Indessen bewog mich doch dieses zu einer Zeit, wo ich grade was bessers zu thun nicht gestimmt war, selbst Hand anzulegen, und den in der Kindermörderinn behandelten Stoff so zu modificiren, daß er auch in unsern delikaten tugendkallenden Zeiten auf unsrer sogenannten gereinigten Bühne mit Ehren erscheinen dörfte. In dieser Rücksicht hab ich den ganzen ersten Akt unterdrückt, und das nöthigste da-

raus, was der Zuschauer unumgänglich wissen mußte, in den
folgenden Aufzügen an schicklichen Stellen eingeschaltet. Die
dem jüngern Herrn Leßing so anstößige Episode mit der
Dose habe ich beybehalten, weil ich sie mit der Entwicklung
schon in der Anlage zu sehr verbunden hatte; Und weil — —

Da es nur denenjenigen neueren Trauerspiel=Dichtern
erlaubt ist traurige Katastrophen anzubringen, denen man es
bey jeder Scene ansieht, daß es ihr Ernst nicht ist, und daß
die Leute auf dem Theater nur so zum Spaß sterben, so
hab ich um allen meinen Zuschauern eine schlaflose Nacht zu
erspahren auch die Mühe über mich genommen dem Ding am
Ende eine andre Wendung zu geben, wofür mir, wie ich
gewiß weiß die meisten Dank wissen werden.

Ich überreiche demnach hiemit dem geneigten Leser keine
Kindermörderinn, sondern Evchen Humbrecht ein
Schauspiel; unter diesem Titel ward es den 4ten Septembris
1778. hier in Frankfurt am Mayn von der Seilerischen
Schauspieler=Gesellschafft zum erstenmal aufgeführt. Von der
Vorstellung, und wie sie gelungen? sag ich deswegen nichts,
weil es mir jederzeit verdächtig vorkam, wenn der Verfasser
die Schauspieler loben will; am Ende macht er sich immer
das größte Kompliment.

Personen.

Martin Humbrecht. Blauer Rock, scharlachene mit Gold bor-
birte Weste, schwarze Beinkleider und Strümpf, ausser wo er
Stiefeln anhaben muß, ein rundes unfrisirtes Haar oder eine
runde unzepuderte Perücke.

Frau Humbrecht. Cottunenes ungarnirtes negligée und Rock,
schwarze Schürze, ein seidenes Halstuch. Auf dem Kopf hat sie
eine auf Straßburger Manier geschnittne sogenannte Zughaube
von Drap b'or mit einer goldnen point d'Espagne und mit
einer weissen Spitze eingesetzt.

Evchen Humbrecht. Weiß mit färbigen Bändern, ein fichu
von Filet, wenig oder gar keine Poschen; die Haare in Zöpfe

geflochten und aufgebunden. Im vierten und fünften Akt hat sie ein bonnet rond oder eine Backenkapp auf, und keine Bänder aufgesteckt. Die Zöpfe sind gepudert. Im letzten Akt muß sie so armselig, als es der Anstand erlaubt, gekleidet seyn.

Lisbet. Cottunener Jack, weisse Schürze, färbiger rother oder grüner Rock, gleichfalls in gepuderten Zöpfen.

Magister Humbrecht. Im ersten und zweyten Akt, ein graues oder braunes Kleid, schwarze West, Beinkleider und Strümpf mit einem Rohr und den Hut unterm Arm. Im vierten und letzten in einem Frack von Biber und den Hut auf. Das Haar rund und zierlich frisirt und weiß gepudert.

Major Lindsthal. Dunkel blauer Rock mit schwarzen Aufschlägen und Klappen, weisse Weste und Hosen, weisse Knöpfe, schwarz und silberne doppelte Epaulettes, unbordirter Hut mit einem weissen Knopf wie auf der Uniform, weisser Kokarde, Stiefel und Sporn, Stock und Degen, Portepée wie die Epaulettes. Kan ein Kreuz an einem blauen Band tragen.

Lieutenant v. Gröningseck. Die nemliche Uniforme, nur ein Epaulette, Schuh und Strümpf, allenfalls im ersten Akt Stiefeletten drüber. Im letzten Akt kommt er bürgerlich und reisefertig angezogen.

Lieutenant v. Hasenpoth. Eben so, nur gekekter in seiner Uniform.

Frau Marthan, ohngefähr wie die Lisbet, nur noch simpler oder so zu reden ärmer, eine weisse Schlafkappe auf.

Fiskal. Ganz schwarz, eine Haarbeutel Perücke und silbernen Degen; ja nichts Karrikatur mäßiges!

Zween Fausthämmer. Gelbe Hosen und schwarze Strümpf oder rothe Hosen und blaue Strümpf; einen meßingenen Degen, dünnen Haarzopf ꝛc. ꝛc.

Der Schauplatz ist in Straßburg; die Handlung währt beynahe ein Jahr.

Aus den Schlussscenen 1779.

Statt oben S. 81 Z. 18 bis 32:

Er will dir ja gern verzeihen, vergiebs ihm doch auch, daß er dir das Leben gegeben hat.

Evchen (die sich auf die letzte langsam aufrichtet, erblickt ihre Mutter, die sie vorhin in der Betäubung nicht an der Stimme erkannt hat, ruft mit Entsetzen) Ich bin des Todes! der Geist meiner Mutter! (sinkt in Ohnmacht hin, die Mutter stürzt ihr in die Arme.)

Humbrecht. Der Geist! ist sie närrisch!

Fr. Humbrecht. Ich selbst bins, meine Tochter! nicht mein Geist: komm zu dir Evchen! erhohl dich, dann sollst du erfahren, daß ich von ganzem Herzen noch deine Mutter bin. — Himmel sie stirbt mir in den Armen! (reibt ihr den Puls und Schläfe) Mein Kind! meine Tochter! (Humbrecht greift nach Wasser das auf dem Tisch steht, seine Frau nimmts ihm aus der Hand.)

Achter Auftritt.

Frau Marthan, vorige.

Fr. Marthan (die beym hereingehen die letzten Worte gehört hat.) Ihre Tochter! ists möglich! — Ist das seine Frau hier? gewiß?

[134] **Humbrecht.** Der sieht sie doch eher ähnlich als einem Meerwunder, das ihr aus ihr macht.

Fr. Marthan. So ist sie denn nicht begraben worden, wie die Leute sagten? nicht vor Kummer gestorben? —

Fr. Humbrecht. Ja, wenn der Kummer umbrächte —

Fr. Marthan (steckt dem Kind etwas im Mund.) So hab ich doch vielleicht noch wahr prophezeyt! — Du lieber Gott! was die Leute doch alles erdenken können! Immer machen sie aus einer Laus einen Elephanten. — (giebt dem Kind wieder was) Gott stärke dich mein Pilpchen! —

Humbrecht (wird das Kind gewahr.) oben S. 81 Z. 29 bis 32.

Evchen (die sich nach und nach erhohlt hat, und mit einem Thränenguß ihre Mutter umarmt.) Ists möglich? Sie verzeihn mir liebste! beste!

[135] **Fr. Humbrecht, Humbrecht** (beyde zugleich.) Ja, ja doch! alles! (die Mutter umarmt sie, **Humbrecht** setzt noch hinzu:) Hab dirs vorhin ja schon gesagt, aber da hattest du keine Ohren: — Frau sieh dein Endelchen! (**Fr. Humbrecht** nimmts der **Marthan** ab.)

Statt oben S. 83 Z. 11 bis 26:

[138] **Magister.** Das will er. Er hat deswegen seinen Abschied genommen.

Evchen. Unmöglich! er wär unschuldig!

Magister. Er ist es! kanns ihnen beweisen.

Evchen (fällt knieend auf die Erde.) Guter! guter Himmel! Dank, lebenslangen Dank für deine Hülfe! Wie nah, wie schaudernd nah stand ich am Rande des entblößesten Abgrundes, aus dem nichts mich hätte retten können. Mir schwindelt wenn ich nur von weitem daran denke. — Dank, lebenslangen Dank! — (steht auf) Sie sind betroffen seh ich? zu meiner eigenen Bestrafung muß ich meine Schande bekennen. Der Brief hier! bis oben S. 83 Z. 26; jetzt könnts der Henker thun! — Wären sie einen Augenblick später gekommen, mein Kind wäre jetzt todt! todt durch [139] mich! — (Giebt dem Messer einen Tritt damit es ihr aus den Augen fährt.)

Magister und **Fr. Humbrecht** (zugleich.)

Gott ists möglich! { das hätten Sie thun können! das hättest du thun können.

Fr. Humbrecht (allein.) Das wären mir herrliche Christfeyertäge geworden!

Statt oben S. 84 Z. 30 bis Ende:

Magister. Es wäre menschlicher, glaub ich, wenn sie darauf bedacht wären das geschehene gut zu machen, als Verbrechen mit Verbrechen zu vergelten.

Humbrecht. So denk ich auch, Herr! vom Flecke wenigstens darf er mir nicht gehen, biß er versprochen hat, so bald als möglich meinem Mädel da einen Mann und dem Buben dort einen Vater zu schenken. Will er sich dann noch, wenn biß geschehen ist, vor den Kopf schießen lassen, so mag er es verantworten, daß es nicht ein Jahr früher geschehen ist.

Fr. Humbrecht. Immer noch so hitzig Martin! (spricht wieder mit der Marthan und spielt mit dem Kind.)

v. Gröningseck. Sie haben Recht meine Herren! der Kerl ist zu niederträchtig, als daß er meiner Rache würdig seyn sollte. — Komm Evchen! Weib meines Herzens! Das warst du schon die ganze Zeit her, sollst es auch bald öffentlich vor den Augen der Welt werden. So bald wir kopulirt sind, führ ich dich auf meine Güter, wo ich aus Vorsicht vorgegeben habe, ich wäre schon verheyrathet. Da will ich Zeitlebens allen meinen Witz, alle meine Geisteskräften aufbieten, dich so glücklich zu machen, als unaussprechlich unglücklich du beynahe durch mich geworden wärst. — Alle unsere Verwandten hier forbre ich auf von Zeit zu Zeit Zeugen der Zärtlichkeit zu seyn, mit der ich dir und der theuren Frucht unserer Liebe bis ins Grab begegnen werde. — Sie lieber Magister müssen uns begleiten; ihr freundschaftlicher Rath möchte mir hie und da noch sehr nöthig seyn. — Hätten wir unsere erste Unterredung — ich erinnere mich noch gar wohl, wie schwer sie mir auffiel! — hätten wir sie acht Tage früher mit einander gehabt, so würd ich mich wohl gehütet haben, auf einem Nebenweg das Glück zu erschleichen, das mich im Besitz meiner Geliebten erwartet. — Sie meine Schwiegerelter werd ich durch Handlungen, nicht durch Worte zu bewegen suchen, das vergangene zu vergessen, und zu vergeben: indessen danke ich ihnen herzlich für die Einwilligung —

Humbrecht. Wie? was? danken! Will er mich noch

foppen Herr Sohn? danken für die Einwilligung! — als
wenn ich eine andere Wahl hätte! — Ich merke aber wohl
wie das gemeynt ist; ich soll i h m danken, daß er mein
Mädel wieder zu Ehren will bringen, nachdem ers geschändet
hat, nicht wahr? — Es soll auch morgen des Tags ge‐
schehen in baarer klingender Sorte. Sind tausend grose
Thaler fürs erste genug?

v. Gröningseck. Ums Himmels willen nicht in diesem
Ton! Machen sie mir die bittersten Vorwürfe! immerhin!
ich hab sie verdient: nur keine kalte Beleidigungen —

Humbrecht. Still Herr Sohn! still nur! — noch mag
ich gar nicht viel hören: mit der Zeit vielleicht mehr. Wie
gesagt, tausend Thaler fürs erste: sind die nicht gut genug,
so steht mein Haab und Gut zu Diensten: nur mach er
unser Evchen glücklich, sonst schützen ihn hundert tausend vor
meinem gerechten Zorn nicht. (zur Fr. Marthan) Für euch
Frau werd ich auch sorgen; geht jetzt und hohlt uns einen
Fiacker.

[144] **Fr. Marthan.** Zehn für einen! (zu Evchen im Abgehn.)
Sagt ich nicht, sie würde noch glücklich werden?

Evchen. Dem Himmel seys gedankt, daß sie wahr gesagt!
und doch stands so und so — wie man eine Hand umdreht. —

Humbrecht. So stehts mit der Tugend jedes Mädels,
das mit vornehmern als es ist parties de plaisir macht;
und selten nur gelingts einem von so vielen am Ende, wie
dir, mit einem blauen Auge davon zu kommen. Merke
dirs! — Wenns auch nur für deine künftige Tochter wäre.

E N D E.